Bartolomé de las Casas

Brevísima Relación
De La
Destruyción
De Las Indias

edición de
Jean-Paul Duviols

- STOCKCERO -

Casas, Bartolomé de las

    Brevísima relación de la destrucción de las Indias / Bartolomé de las Casas ;

    edición literaria a cargo de: Jean-Paul Duviols -

    1a ed. - Buenos Aires : Stock Cero, 2006.

    184 p. : il. ; 23x15 cm.

    ISBN 987-1136-50-1

    1. Historia Americana. I. Duviols, Jean-Paul, ed. lit. II. Título

    CDD 980

1º edición: 2006
Stockcero
ISBN-10: 987-1136-50-1
ISBN-13: 978-987-1136-50-6
Libro de Edición Argentina.

Hecho el depósito que prevé la ley 11.723.
Printed in the United States of America.

stockcero.com
Viamonte 1592 C1055ABD
Buenos Aires Argentina
54 11 4372 9322
stockcero@stockcero.com

Bartolomé de las Casas

Brevísima Relación De La Destruyción De Las Indias

Indice

Introducción

E porque he trabajado en la corte de los reyes de Castilla, yendo y viniendo de las Indias a Castilla y de Castilla a las Indias muchas veces, cerca de cincuenta años, desde el año de mil quinientos catorce, por solo Dios y por compasión de ver perecer tantas multitudes de hombres racionales, domésticos, humildes, mansuetísimos y simplicísimos, muy aparejados para nuestra santa fe católica y toda moral doctrina, y ser dotadas de todas buenas costumbres, como Dios es testigo que otro interese nunca pretendí. (Testamento de Las Casas)

El joven encomendero

Bartolomé de Las Casas nació en Sevilla el 11 de noviembre de 1484. Era el segundo hijo de Pedro de Las Casas, pequeño comerciante de Tarifa, y de Isabel de Sosa. Su padre era de origen converso, y es probable que su madre perteneciera a la familia de un hidalgo francés, Guillaume de la Case, quien había participado de la conquista de Sevilla contra los moros capitaneada por Fernando III el Santo. Es de recordar otro dato familiar de importancia: dos hermanos de su padre fueron compañeros de Cristóbal Colón. Estos le pusieron en contacto con el almirante del Mar Océano, por lo cual pudo embarcar con su hermano, el capitán Francisco de Las Casas, en la segunda expedición de Colón hacia las Indias en 1493.

Pedro de Las Casas volvió a Sevilla en 1499, acompañado de un joven esclavo indio que le había regalado Cristóbal Colón. Fue el primer contacto de Bartolomé con el mundo indígena y, aunque duró

poco su amistad con el joven taíno, no cabe duda de que fue determinante. En efecto, tuvo que separarse de su compañero, pues al año siguiente, Isabel de Castilla decretó que los indios traídos de las Indias
y tratados o vendidos como esclavos eran hombres libres (Real cédula
del 20 de junio de 1500), y los que estaban en España tenían que regresar a su país de nacimiento.

Fue en los primeros años de la conquista cuando Bartolomé emprendió la travesía del océano como uno de los dos mil quinientos colonos destinados a poblar la isla Española. Tenía dieciocho años, y probablemente ya hubiera recibido las órdenes menores en Sevilla.

Fray Nicolás de Ovando[1], religioso y a la vez militar, nombrado
gobernador, encabezaba la expedición, apoyado por el hecho de que los
Reyes Católicos le habían otorgado el derecho de utilizar la fuerza para
colonizar.

En la isla fundó las primeras ciudades y se abocó a la creación de
la infraestructura administrativa que los descubrimientos y conquistas
requerían. Al no existir ninguna legislación colonial, Ovando se inspiró
en el sistema feudal medieval para crear el sistema colonial de *encomiendas*. La encomienda representaba un territorio con sus habitantes
sometidos a un conquistador *encomendero*. Se otorgaba este poder en
nombre de la Corona, para tres generaciones. El colono encomendero
tenía a su disposición la mano de obra indígena, obligada a trabajar en
el campo o en las minas. Los indios encomendados recibían un sueldo,
pero tenían que pagar tributo. Las obligaciones teóricas de los encomenderos eran proteger a sus súbditos y enseñarles la doctrina cristiana, lo cual hacía indispensable la presencia y la intervención de doc-
trineros.

La encomienda no suponía el ennoblecimiento del encomendero,
y en esto se diferenciaba del sistema feudal. Además, tal concesión
estaba limitada en el tiempo. En efecto la monarquía española centra-

---

1   **Nicolás de Ovando** fue gobernador de la isla Española de 1502 a 1509. Las Casas hizo
     la travesía de Sanlúcar a Santo Domingo con él. Lo llamaba el comendador y propuso
     de él un retrato con apreciaciones algo contradictorias:
     Tenía y mostraba grande autoridad. Amigo de la justicia; era honestísimo en su perso-
     na. En obras y palabras; de codicia y avaricia muy grande enemigo. En otros renglones,
     Las Casas contradecía esta evocación positiva: Este caballero era varón prudentísimo y
     digno de gobernar mucha gente, pero no indios, porque con su gobernación inestima-
     bles daños les hizo. Subrayó además que Ovando declaró una guerra injusta contra los
     indios, que debiérase tomar residencia y dar por cargo al Comendador de haber inven-
     tado el cruel y tiránico repartimiento. (II, 50) Por fin, afirmó que en su granja de La
     Vega, Ovando no tuvo más doctrina para los indios, ni hubo mayor cuidado de ellos (los
     indios) en ella que el que tuvieron los otros españoles vecinos, que ni por pensamiento
     les pasaba tenerlo. (*Historia de las Indias* , II., 3)

lista y absolutista desconfiaba de los conquistadores y no quería que se formase en el Nuevo mundo una nueva aristocracia fundada sobre la propiedad legítima de señoríos.

Desde el principio de la conquista, los españoles habían tratado a los indios como esclavos y muchos capitanes solicitaban de la Corona una licencia para pedir o sacar esclavos, pues se consideraba como tales a los indios bravos –o sea los que no quisieran someterse– los caníbales, los esclavos de dueños indios –caciques– que los entregaban a los españoles, y los que se cautivaban a consecuencia de las entradas, expediciones al interior organizadas por los soldados y los misioneros. La prohibición de la condición de esclavo para los indios fue decretada por la reina Isabel por medio de cédula real del 6 de noviembre de 1538:

> Prohibimos y defendemos [2] a los caciques y principales, vender o trocar por esclavos a los indios que les estuviesen sujetos, y asimismo a los españoles poderlos comprar ni rescatar, y el que contraviniese, incurra en las penas.

Aunque la Corona proclamaba una y otra vez la libertad de los indios, los colonos seguían aplicándoles un sistema de servidumbre haciendo caso omiso de la ley.

Las Casas había participado en la expedición a Xaraguá, presenciando las crueldades de dicha entrada militar, durante la cual el gobernador de Cuba, Diego Velázquez, pasó a horca y espada a los caciques rebeldes. En aquel entonces, Bartolomé poco se diferenciaba de los demás colonos. [3]

En 1506, volvió a Europa y viajó a Roma [4], se ignora el motivo, y regresó a la isla Española a su granjería de Yanique. Bartolomé no negó haber tenido en esta isla Española indios y por consiguiente se puede considerar que fue un encomendero entre los demás. Pero los estragos que se cometían a diario, y la iniquidades del sistema colonial, chocaron su sensibilidad y despertaron su indignación.

Aquellos primeros años de la colonización significaron un trauma de una gran violencia para los indios Taínos de las Antillas, víctimas de agravios, estragos y tormentos. Los que sobrevivieron a las matanzas, no aguantaron el trabajo forzado, las humillaciones y las enfermedades. Los suicidios colectivos en un valle apartado de la isla, y más tarde en

---

2   *Defender*: aquí con el sentido de impedir
3   Las Casas escribirá más tarde que dedicaba los indios a sacar oro y hacer sementeras, aprovechándose de ellos cuanto más podía(Ver: Marcel Bataillon, Le clérigo Casas ci-devant colon, reformateur de la colonisation, *Bulletin Hispanique*, 54, 1952 (p.276-369).
4   *Apologética Historia*, (cap. 164).

Cuba, dan claras pruebas de su desesperación. Según estimaciones ponderadas, se puede afirmar que en siete años, o sea el tiempo de la gobernación de Ovando, la población indígena de la Española pasó de un millón –Las Casas dijo tres millones– a cuarenta mil!

Los dominicos en la Española

En 1509 el gobernador Ovando fue relevado por Diego Colón[5], y al año siguiente llegaron los dominicos a la isla Española.

Bajo la gobernación de Diego Colón se conquistaron y poblaron, además de Puerto-Rico, Jamaïca, Cuba, Darién y Urabá.

El rey Fernando fue quien tomó la iniciativa de mandar dominicos para evangelizar el Nuevo Mundo y para cumplir con los requisitos doctrinarios de la encomienda. En octubre de 1508, fray Tomás de Vio Cayetano, maestro de la orden, firmó un decreto por el cual se mandaba quince frailes a la isla Española para fundar allí convento y predicar la palabra de Dios. Bartolomé de Las Casas celebró la venida de los primeros misioneros:

> En este tiempo, en el año mil y quinientos y diez, creo que por el mes de septiembre, trujo la divina providencia la orden de Santo Domingo a esta isla, para lumbre de las tinieblas que en ella entonces había.[6]

Los dominicos eran cuatro: fray Pedro de Córdoba, superior, fray Antonio Montesinos, fray Bernardo de Santo Domingo y fray Domingo.[7]

Con la llegada de los misioneros, Las Casas comenzó a reaccionar frente a los abusos perpetrados sobre los indios en tiempos de Bobadilla y de Ovando, por la tiránica dominación que los encomenderos

---

5   **Diego Colón** (1474-1526) Nació en Porto Santo. Hijo mayor de Cristóbal Colón. Reivindicó los derechos que había heredado de su padre. El Consejo de Indias falló el pleito y le restituyó una parte de sus privilegios o sea el título de Almirante y la vara de gobernador. Llegó a la Española en julio de 1509 con su esposa María de Toledo, sobrina del duque de Alba. Fue gobernador de la isla Española hasta 1515. Las Casas, que había visto a Cristóbal Colón en Sevilla, tendrá una fiel amistad con la familia Colón a partir de 1509. Sin embargo, Las Casas lo hizo en parte responsable de la situación de los indios que empeoraba:
     Fueron tratados los indios, en este tiempo primero del Almirante con la priesa de sacar oro y con el descuido de proveellos de comida y remedios para sus corporales necesidades y en dalles doctrina y conocimiento de Dios, de la manera y peor que antes en tiempos del comendador mayor. (Historia de las Indias, II, 51)

6   Bartolomé de Las Casas, *Historia de las Indias,* II, 54.

7   A finales del año llegó un segundo grupo: fray Tomás de Fuentes, fray Francisco de Molina, fray Francisco de Medina, fray Pablo de Trujillo, fray Tomás de Berlanga y un seglar. En marzo de 1511, vino un tercer grupo: fray Lopez de Gaibol, fray Hernando de Villena, fray Domingo Velázquez, fray Francisco de Santa-María, fray Juan de Corpus Christi, fray Pablo de Carvajal y fray Domingo de Mendoza.

ejercían, los trabajos forzados y los injustos castigos que padecían.

Ya le había impactado la lectura del sermón de Antonio Montesinos en Santo Domingo (21 de diciembre de 1511) sobre el tema *Ego vox clamantis in deserto*. El texto de este famoso sermón contiene en germen casi todos los temas que desarrollará Las Casas en la *Brevísima*, recordando la ley de Dios que condenaba la tiranía de los encomenderos:

> ...Yo que soy voz de Cristo en el desierto desta isla... Esta voz (dice) que todos estáis en pecado mortal y en él vivís y morís, por la crueldad y tiranía que usáis con estas inocentes gentes. Decid, con qué derecho y con qué justicia tenéis en tan cruel y horrible servidumbre aquestos indios? Con qué autoridad habéis hecho tan detestables guerras a estas gentes que estaban en sus tierras mansas y pacíficas, donde tan infinitas dellas, con muerte y estragos nunca oídos, habéis consumido? Cómo los tenéis tan opresos y fatigados, sin dalles de comer ni curallos en sus enfermedades, que de los excesivos trabajos que les dáis incurren y se os mueren, y por mejor decir, los matáis, por sacar y adquirir oro cada día? Y qué cuidado tenéis de quien los doctrine, y conozcan a su Dios y criador, sean baptizados, oigan misa, guarden las fiestas y domingos?
>
> Estos no son hombres? No tienen ánimas racionales? No sois obligados a amallos como a vosotros mismos? Esto no entendéis? Esto no sentís? Cómo estáis en tanta profundidad de sueño tan letárgico dormidos? Tened por cierto, que en el estado que estáis no os podéis más salvar que los moros o turcos que carecen y no quieren la fe de Jesucristo. [8]

El texto de este sermón que inició la llamada lucha española por la justicia en la conquista, fue publicado por Las Casas en su *Historia de las Indias*, Libro III, cap. IV. Comenta seguidamente fray Bartolomé que el Padre Montesinos, acompañado de Pedro de Córdoba y de los demás dominicos, fue regañado por el nuevo Almirante (Diego Colón)

> afirmando que no podían tener los indios, dándoselos el rey, que era señor de todas estas Indias, en especial, habiendo ganado los españoles aquellas islas con muchos trabajos y sojuzgado los infieles que las tenían; y porque aquel sermón había sido tan escandaloso y en tan gran deservicio del rey e perjudicial a todos los vecinos desta isla, que determinasen que aquel padre se desdijese de todo lo que había dicho....

Desde entonces, empezó el enfrentamiento entre los colonos encomenderos y misioneros. En efecto:

> El padre vicario (Pedro de Córdoba) respondió que lo que había pre-

---

8   Bartolomé de Las Casas, *Historia de las Indias*, Libro III, cap. IV.

dicado aquel padre había sido de parecer, voluntad y consentimiento suyo y de todos, después de muy bien mirado y conferido entre ellos y con mucho consejo y madura deliberación se habían determinado que se predicase como verdad evangélica y cosa necesaria a la salvación de todos los españoles y los indios de esta isla, que veían padecer cada día, sin tener dellos más cuidado que si fueran bestias del campo. [9]

Lo que denunciaba el fraile dominico Antonio de Montesinos era el sistema de la encomienda [10] tal como se aplicaba. En efecto, lo denuncia como una esclavitud disfrazada que no permitía la evangelización de los indios encomendados.

Esa situación, no sólo ilegal sino fundamentalmente injusta, motivará el choque entre dos bloques irreconciliables: los colonos con sus rancias concepciones feudalizantes, defensores de los repartimientos y hasta de la esclavitud, por una parte, y los evangelizadores, los humanistas y los teólogos por otra parte, que afirmaban los derechos humanos de los indios y su igualdad con los europeos.

Indignado por la audacia del sermón, y por el hecho de que los dominicos se negaban a dar la absolución a los encomenderos, Diego Colón avisó al rey de lo sucedido. Poco después, fray Pedro de Córdoba mandó a España a fray Antonio de Montesinos para dar cuenta y razón al rey de lo que había predicado.

Montesinos fue recibido por el rey Fernando de Aragón, quien le prestó atención y decidió convocar una junta de juristas y teólogos, la llamada *Junta de 1512*. El resultado de las deliberaciones fueron las *Leyes de Burgos* (diciembre de 1512) que no solucionaban la cuestión

---

9   Íbid.

10   *La encomienda* era la clave de los privilegios de los que evidentemente abusaban los colonos y fue la estructura colonial a la que se aferraron a pesar de las críticas y de las denuncias. Las Casas no consiguió eliminar esta estructura de dominación en la que se asentaban los intereses de los colonos:

Que tener los españoles los indios encomendados haya sido gobernación y regimiento nocivo, diminutivo y destruitivo de todas aquellas gentes, y por consiguiente malo, pésimo y titánico, y allende deso se les haya retorcido y convertido la dicha superioridad y juridición de Vuestra Majestad en daños grandes, en diminución y destrucción total, no sólo del ser pueblos, pero del ser hombres, poco trabajo podremos tener en probarlo a Vuestra Majestad. (*El octavo remedio, Razón quinta*).

La respuesta de los encomenderos se puede leer en las instrucciones secretas del ayuntamiento de la ciudad de México (29 de abril de 1562):

Item que por cuanto fray Bartolomé de las Casas, obispo que fue de Chiapas, entre otras cosas escribió en daño de esta tierra y república della fue sustentar que su magestad no debía de dar en encomienda ni en vasallaje, ni en feudo, ni de otra manera los indios desta tierra a españoles y que las encomiendas hechas las debía de quitar y aunque lo procuró como cosa dañosa que era, no salió con ella y se suspendió en efecto, pero tiénese entendido que él y otros de su opinión pretenden renombrarla.... No conviene remover semejante negocio si no fuere para defenderle... (Luis Hanke y Manuel Giménez Fernández, *Bartolomé de Las Casas. 1474-1566. Bibliografía crítica y cuerpo de materiales para el estudio de su vida, escritos, actuación y polémicas que suscitaron durante cuatro siglos*. Fondo Histórico y Bibliográfico José Toribio Medina, Santiago de Chile, 1954. (N°447).

colonial puesto que permanecía la encomienda, lo mismo que el trabajo en las minas.

Otro resultado poco alentador de la Junta, fue la publicación de un texto relativo a la soberanía del rey de Castilla sobre la tierras conquistadas y por conquistar. Se elaboró el famoso *requerimiento* [11] que, de cierto modo, legalizaba las mortíferas expediciones y el cautiverio de los indios. Se leía esta proclama al encontrar nuevos pueblos que avasallar, a veces desde el barco, y en un idioma que no podían entender. Además ese documento suponía un largo análisis para su comprensión. Tranquilizante de conciencia, fue utilizado muchas veces con cinismo como un sustituto de declaración de guerra.

El clérigo Las Casas y la reformación de las Indias

Inicialmente encomendero en la isla de Cuba, Las Casas comenzó entonces un proceso de toma de conciencia frente a los abusos cometidos por los españoles que habría de desembocar en una verdadera conversión.

Fue sensible sin duda alguna a la lucha por la justicia iniciada por Montesinos y los demás dominicos, pero fue sobre todo el espéctaculo incesante de los agravios, de los injustos castigos que padecían los indios, de los actos injustificables e irresponsables de los conquistadores, lo que provocó su indignación y su cólera.

En efecto, su experiencia personal fue agobiante e insoportable. Tal vez fue peor en la isla de Cuba que en la Española, donde fue más a menudo testigo directo de la agresividad destructora de los cristianos. Mientras seguía el conquistador Pánfilo de Narváez, Bartolomé llegó a un pueblo llamado *Caonao* donde presenció una matanza de indios indefensos, la cual fue ejecutada sin ningún motivo. Entonces, se acercó a los soldados y

> ... movido a ira (fue) contra ellos, reprehendiéndolos asperamente... Y ellos que le tenían alguna reverencia, cesaron. Narváez, impasible, le dijo al capellán Casas:

---

11   El *requerimiento* consistía en una solemne declaración que pretendía justificar las exigencias de los primeros conquistadores. Resumía nada menos que la historia religiosa de la cristiandad, añadiendo la afirmación de los supuestos derechos de soberanía de la Corona de España sobre las Indias Occidentales, otorgados por la voluntad del Papa. Más que una información era un ultimatum dirigido a los pueblos antes de su dominación violenta y de su evangelización. Asentaba unilateralmente el derecho de guerra.

El *requerimiento* fue redactado por el erudito y jurista Juan López de Palacios Rubios(1450-1525) que fue también el autor de *De las islas del Mar Océano* (1516) obra en la que expone su doctrina acerca del derecho de conquista y de la guerra justa. (Véase Apéndice p. 87).

—Qué parece a vuestra merced de estos nuestros españoles, qué han hecho?

Respondió el clérigo, viendo ante sí tantos hechos pedazos, de caso tan cruel muy turbado:

—Que os ofrezco a vos y a ellos al diablo. [12]

Ya clérigo, pues celebró su primera misa en noviembre de 1510, la lectura de las Sagradas Escrituras fue determinante para abrirle los ojos, en particular una reflexión que condenaba la explotación de los pobres por los ricos[13]. Su primera iniciativa fue un sermón durante el cual denunció, como lo hiciera Montesinos, la inhumana explotación que padecían los indios, sin que tuviera sobre los oyentes el menor efecto. A partir de ese momento renunció a la encomienda y a los bienes que había adquirido, y desde entonces, su meta será influir con toda su energía en un cambio necesario económico, político, social y moral de la colonia, o sea la reformación de las Indias.

Las Casas emprendió entonces un tercer viaje en compañía de Antón Montesinos. Llegó a Sevilla el 6 de octubre de 1515. El 23 de diciembre fue recibido por Fernando el Católico, en Plasencia. Pero el rey, ya muy enfermo, derivó al enérgico clérigo al responsable de los asuntos de Indias, el obispo Juan Rodríguez de Fonseca[14], quien se convertiría en su enemigo declarado.

Fallecido el rey Fernando el 23 de enero de 1516, el 18 de junio, Las Casas presentó al cardenal regente Jiménez de Cisneros [15] el *Memorial de agravios* que condenaba la conquista violenta y la *encomienda*. Para sustituir ese sistema devastador, Las Casas, en el *Memorial de los remedios*, proponía la creación de un sistema de protección de los indios que trabajarían agrupados en pequeñas ciudades bajo el mando de sus caciques y administrados por los españoles. Esto suponía una tregua

---

12 *Historia de las Indias*, III, 29.

13 El que sacrifica de lo mal adquirido hace una oblación irrisoria, y no son gratas las oblaciones inicuas. No se complace el Altísimo en las ofrendas de los impíos, ni por la muchedumbre de los sacrificios perdona los pecados. Como quien immola al hijo a la vista de sus padres, así el que ofrece sacrificios de lo robado a los pobres. Su escasez es la vida de los indigentes, y quien se la quita es un asesino. Mata al prójimo quien le priva de la subsistencia. Y derrama sangre el que retiene el salario del jornalero. (*Eclesiastés*, cap. 34.).

14 **Juan Rodríguez de Fonseca** (1451-1524) Arzobispo de Burgos, fue designado por Isabel la Católica para ocuparse de los asuntos de las Indias recién descubiertas y por descubrir. Organizó la *Casa de la Contratación.* y ejercía su control sobre las expediciones que salían de España. De carácter autoritario, se opuso encarnizadamente a las pretensiones de Cristóbal Colón, y luego, a las reformas que proponía Bartolomé de Las Casas. Fue destituido de su cargo por el cardenal Cisneros.

15 **Francisco Jiménez de Cisneros** (1436-1517) Confesor de Isabel la Católica en 1492, trató de reformar la orden franciscana a la que pertenecía. Arzobispo de Toledo en 1495, canciller de Castilla, cardenal e Inquisidor Mayor. El testamento de Fernando de Aragón le confió la regencia de España. Fue una gran figura religiosa, que contribuyó a la difusión de las ideas erasmistas y del Humanismo en España.

para hacer una encuesta y por consiguiente la suspensión de los repartimientos.

Su objetivo era racionalizar y humanizar el sistema colonial, y tranformar los indios en hombres libres tributarios de la Corona, siendo la mano de obra de trabajadores forzados suministrada por (o compuesta de) esclavos negros importados de Africa. Ese proyecto de sustitución de los indios por los negros no era una idea original del clérigo, la trata ya existía, pero igual le fue reprochado posteriormente por sus detractores[16]. Más tarde, Las Casas expresará su remordimiento de haber pensado en este medio para aliviantar la pena que sufrían los indios [17]. Era ése un falso remedio, en verdad.

Cisneros consideró con benevolencia las proposiciones reformistas de Las Casas, pues compartía su posición ética, pero le era preciso tener en cuenta los intereses del Estado. Por eso, su posición fue ambigua cuando mandó priores jerónimos (enfrentados con los dominicos) y a Alonso de Zuazo como juez visitador, quienes no ayudaron a Las Casas con sus encuestas. Partieron de Sanlúcar en noviembre de 1516 acompañados por fray Bartolomé, a quien el cardenal había nombrado procurador y defensor de los indios. En mayo del año siguiente, el procurador volvió a España desalentado. Su plan no había sido aplicado. En efecto, en vez de proponer la reforma drástica que esperaba, presionados o convencidos por los *encomenderos*, los jerónimos recomendaron en sus conclusiones mantener el sistema de repartos y de encomiendas. Además, a los pocos días el cardenal Cisneros falleció.

La coronación de Carlos I despertó nuevas esperanzas. En Aranda de Duero donde se había detenido la Corte en marzo de 1518, Las Casas, muy amigo del nuevo canciller Jean le Sauvage, propuso sus reformas, concretamente el poblamiento de Indias a base de labradores, y la supresión de las encomiendas. Pero nuevamente sufrió una gran decepción al fallecer Jean le Sauvage. Las Casas escribió que Muerto el gran canciller, cierto, murió por entonces todo el bien y esperanza del remedio de los indios. Además, fue sustituido por su peor enemigo, el obispo Juan Rodríguez de Fonseca y cayó el clérigo en los abismos! Sin

---

16   Es de recordar a este propósito que la esclavitud de la población de origen africano fue abolida en las últimas colonias españolas recién en 1886! (Cuba).

17   En efecto, escribió (hablando de sí mismo en tercera persona como solía hacerlo): Este aviso que se diese licencia para traer esclavos negros a estas tierras dio primero el clérigo Casas, no advirtiendo la injusticia con que los portugueses los toman y hacen esclavos; el cual, después de que cayó en ello, no lo diera por cuanto había en el mundo, porque siempre los tuvo por injusta y tiránicamente hechos esclavos, porque la misma razón es dellos que de los indios *Historia de las Indias*, B.A.E., IIa parte, Cap. CII. , p.417.

embargo, Las Casas consiguió que le otorgaran una capitulación para llevar adelante su plan de población, fundar pueblos y asentamientos de agricultores. El permiso era para emprender y aplicar su método de colonización pacífica en las islas del Caribe, pero él lo desvió a la *Costa de las perlas*, o sea de la provincia de Santa Marta a la de Paria en Tierra Firme.

Mal preparada, la expedición acumuló problemas circunstanciales, y el poblamiento a base de labradores fue un fracaso. En 1520, hubo un alzamiento y los indios de la costa de Chiribichi a Maracapana... habían muerto a los frailes de Santo Domingo que les estaban allí predicando. El mismo clérigo tuvo que huir de Cumaná el último día de 1521, pocos días antes de un nuevo ataque de los insurrectos. De todos modos achacó el fracaso de la experiencia a la desmesurada ambición y violencia de los conquistadores que provocaron los alzamientos de indios.

Desengañado y cansado, en los días más tristes de su vida, el clérigo toma el hábito de Santo Domingo en 1523. El dominico fray Bartolomé de Las Casas permaneció en el convento de Santo Domingo, dedicado al estudio, hasta su nombramiento como prior del nuevo convento de Puerto Plata, en el norte de la isla Española, donde su principal ministerio fue la predicación. Durante estos años de retiro, inició la redacción de sus grandes obras, *De Unico Vocationis Modo*, la *Apologética Historia* y la *Historia de las Indias*, quizás como reacción contra las tesis desarrolladas por su enemigo, el cronista Gonzalo Fernández de Oviedo, en el *Sumario de la general y natural historia de las Indias*, que presentaba a los indios como salvajes, caníbales, sodomitas, idólatras, crueles, etc., justificando la conquista.

Además de las denuncias de los abusos de los colonos, estas obras de Las Casas se fundan sobre dos ideas que definen su pensamiento. Primero, considera al indio como un ser humano comparable y equivalente a cualquier otro, y segundo demuestra que las guerras de los conquistadores son injustas y que, por consiguiente, son justas las rebeliones de los indios.

Insistió fray Bartolomé con su voluntad reformadora y con su lucha activa contra los abusos de los colonos, tal como lo revela su carta al Consejo de Indias de 1531, en la que enumera las atrocidades cometidas por los españoles y admonesta a los consejeros, utilizando un argumento evangélico que repetirá en la *Brevísima*:

> (El Hijo de Dios)..dijo: 'Yo os envío como ovejas entre lobos para amansallos y traellos a Christo'. Y esta es la puerta de salir la doctrina de Cristo e su sacro Evangelio a convertir los extraños de su fe y de su Iglesia.
>
> Pues si esta es la puerta, señores, y el camino de convertir estas gentes que teneis a vuestro cargo por qué en lugar de enviar ovejas que conviertan los lobos, enviáis lobos hambrientos, tiranos, crueles, que despedacen, destruyan, escandalicen e avienten las ovejas? No lo hizo así Cristo, en verdad: ovejas envió por predicadores para amansar los lobos, e no lobos feroces para perder y embravecer las ovejas. No hay en el mundo gentes tan mansas ni de menos resistencia ni más hábiles y aparejados para recibir el yugo de Cristo como éstas. Y esta es la verdad muy cierta, y lo contrario desto es error y falsedad muy averiguada.[18]

Otras temáticas que Las Casas desarrollará en la *Brevísima* , o sea la de la destruyción de las ánimas y de los cuerpos y la del peligro de pecado en el que se encuentran los verdaderos cristianos, y entre ellos el mismo Emperador, se pueden leer en otra carta a los miembros del Consejo de Indias, donde se defendía contra acusaciones y donde justificaba sus hechos y sus dichos:

> Las opiniones que siembro, aunque soy cristiano viejo y confieso la fe católica, y ésta es la por que sufro estas tribulaciones, y no tengo de cansar hasta por ella derramar la sangre, no son otras sino afirmar que después de las grandes ofensas que contra Dios en estas no cognocidas tierras se hacen, y en destruyción de las ánimas y de los cuerpos destas desdichadas gentes, no es nadie más ofendido que el Emperador, nuestro señor, matándole sus vasallos y robándole sus tesoros, y poniéndole su conciencia en incomparable peligro de la muy estrecha cuenta que ha de dar a su Dios. Si esta opinión es de cristiano, o contraria del Evangelio, o dañosa al servicio real, júzguenlo vuestras señorías.[19]

La Vera Paz y las Leyes Nuevas:

Las Casas tuvo la oportunidad de experimentar su método pacífico que explicará en su *Unico modo de atraer todos los pueblos a la verdadera religión*, logrando participar eficazmente en la reducción del cacique

---

18   Carta al Consejo de Indias (20-1-1531), en *Opúsculos, cartas y memoriales*. B.A.E., tomo CX, p. 49.

19   Carta a un personaje de la Corte (15-10-1535), en *Opúsculos, cartas y memoriales*. B.A.E., tomo CX, p.59 y siguientes.

rebelde Enriquillo que estaba en pie de guerra contra los españoles
(1535). Pero, Las Casas estorbaba, y por lo tanto tenía siempre que enfrentarse a las oposiciones y a las trabas de sus numerosos enemigos, las
cuales fueron a menudo insalvables. Tal fue el caso en Nicaragua,
camino del Perú, adonde nunca llegó.

Compartiendo el *idearium* de fray Pedro de Córdoba, su prioridad
era la evangelización pacífica de los indios, los cuales le parecían muy
aptos a recibir la fe, como lo escribió repetidas veces, pero los mayores
impedimentos para conseguir la salvación de aquellas almas, eran no
sólo los desmanes de los cristianos sino su mera presencia:

> Y porque estando los indios en la estrecha servidumbre que los tienen
> los cristianos no podemos predicalles la ley divina, como Cristo la
> predicó a sus discípulos, y manda que le predique, querríamos estar
> donde no nos estorbasen los cristianos[20]

En busca de tierras libres de colonos y administradores, para demostrar la eficacia de la evangelización pacífica, Fray Bartolomé de
Las Casas se trasladó luego a Guatemala, llamada en aquel entonces
tierra de guerra intentando convencer a las autoridades civiles y mili-
tares que se podía conseguir convertir esta región en tierra de paz. Con
el apoyo de Alonso Maldonado, oídor de la Audiencia de México y gobernador de Guatemala, emprendió su conquista espiritual. El resultado fue convincente. En efecto, Las Casas y sus compañeros lograron evangelizar toda esta región en un año (1535-1536), valiéndose
de su predicación pacífica. Con la ayuda de los frailes dominicos fray
Rodrigo de Ladrada y fray Pedro Angulo, (y probablemente también
fray Luis Cáncer), fundó una comunidad en Santiago.

Según Antonio de Remesal, que escribió una obra apologética [21],
fue éste un episodio crucial en la vida de Las Casas, logrando en un año
la pacificación de la zona de los temibles indios de Tezulutlán. El procedimiento utilizado era de lo más original: los misioneros cantaban
unas trovas en lengua quiché en las cuales se evocaban largamente los
valores cristianos, la redención, el juicio final, el castigo de los malos y
la gloria para los buenos, y sobre todo, la tiranía de los ídolos que ado-
raban los indios, asimilados a demonios. Estas canciones las iban apren-
diendo mercaderes que las repetían vendiendo al mismo tiempo aba-
lorios, espejos, cascabeles, etc. La mayor victoria de fray Bartolomé fue

---

20 Carta al Consejo de Indias (30-4-1534) , en *Opúsculos, cartas y memoriales*, B.A.E., tomo
CX, p.58.
21 Remesal, Antonio de, *Historia de la provincia de San Vicente de Chiapa y Guatemala*,
Madrid, 1620.

que los indios así evangelizados, no serían encomendados, sino que se considerarían como súbditos del rey de España y tendrían que pagar tributo igual que los demás [22]. El obispo Francisco Marroquín [23], que tenía el título de protector de los indios, decidió mandarlo a España para reclutar nuevos misioneros.

Otro paso importante hacia la reformación de las Indias tan anhelada por Las Casas, fue la publicación por el papa Pablo III de la bula *Sublimis Deus*. Fray Julián Garcés, dominico, primer obispo de Tlaxcla-Puebla, había comisionado a fray Bernardino de Minaya para que presentara al papa en Roma, un discurso en defensa de los derechos humanos de los indios y en el que denunciaba los malos tratos que les infligían los colonos. La embajada fue un éxito y Pablo III expidió el 2 de junio de 1537 el texto fundamental que proclamaba que:

> Los indios, como verdaderos hombres, no sólo son capaces de ser cristianos, sino también, según hemos sido informados, están dispuestísimos a recibir la fe.

Las Casas, acompañado de su fiel Rodrigo de Ladrada, llegó a Sevilla en mayo de 1540 y consiguió mandar una carta al Emperador que estaba en Alemania, pidiéndole la abolición de las encomiendas. Mientras tanto, fray Bartolomé argumentaba con humanistas como Bartolomé de Carranza y sobre todo con el padre Francisco de Vitoria[24]. Teniendo partidarios en el Consejo de Indias, es probable que éstos le incitaron a que redactara un memorial sobre la situación en las Indias. Y este memorial fue precisamente la *Brevísima relación de la destrucción de las Indias*. También redactó el *Octavo remedio*.

El episodio de la Vera Paz y sobre todo los memoriales, tuvieron un fuerte impacto sobre Carlos Quinto, el cual nombró una comisión

---

22   Esta extraordinaria experiencia está analizada en el notable estudio de André Saint Lu, *La Vera-Paz. Esprit évangélique et colonisation.* Paris, Institut d'Etudes Hispaniques, 1968, y en el artículo de Marcel Bataillon, La Vera Paz, roman et histoire. *Bulletin Hispanique,* 53, Bordeaux, 1951.

23   **Francisco Marroquín** (1499-1563) fue uno de los primeros evangelizadores de Guatemala. Indignado por los desmanes de los encomenderos compartía las ideas de Bartolomé de Las Casas. Obispo y protector de los indios en 1534, fundó un colegio (Santo Tomás de Aquino) un hospital, un hogar para acoger pobres y huérfanos. Además consideraba que la enseñanza tenía un papel primordial. Dio clases de maya-quiché e hizo imprimir el primer catecismo en dicho idioma.

24   **Francisco de Vitoria** (1486-1546) Dominico, fue catedrático de teología en Valladolid y en Salamanca. Era también jurista y analizó los títulos que autorizaban los reyes de España a conquistar las tierras del Nuevo mundo. En sus *Lecciones sobre los indios* (*Relectio de indis*) y en su tratado sobre el derecho de guerra (*De jure belli*). Afirma en sus clases que el papa no tenía derecho temporal, por lo que no podía conceder a los soberanos sino el derecho de evangelizar. Sus ideas inspiraron directamente la legislación de las *Leyes Nuevas*. Desarrolló la teología tomista del derecho natural ya preconizada por el cardenal Cayetano.

de trece miembros para redactar un código legal para las Indias, las
Leyes Nuevas. Carlos V las promulgó en noviembre de 1542. Recogían
casi todo lo propuesto por Las Casas, y sobre todo promulgaban la li-
quidación progresiva de las encomiendas y la supresión de la esclavitud
de los indios.[25]

Fray Bartolomé al enterarse de la nueva legislación, presentó un
Memorial de súplicas al Consejo de Indias, pues no quedaba satisfecho
por una *Leyes* que mantenían las encomiendas. Mayor descontento aún
fue el de los encomenderos, por razones opuestas, los cuales acumu-
laron las protestas y manifestaron su oposición a las ideas de Las Casas
y a su persona. No se acataban las *Leyes Nuevas*:

> En el Perú, casi un golpe de estado, en México, el comisionado Tello de
> Sandoval optó por suspender su ejecución, en Guatemala le echaron
> todas las culpas a fray Bratolomé de Las Casas y descargaron sobre su
> nombre todas las iras y todos los denuestos. Suponiendo que él había
> sido el causante de las Nuevas Leyes, las autoridades civiles se querellan
> por carta al emperador versus fray Bartolomé, tildándolo de ser fraile
> no letrado, no santo, vanaglorioso, apasionado, inquieto y no falto de
> envidia; escandaloso, y tanto que no hay parte en Indias donde haya
> estado que no le hayan echado, ni monasterio que lo haya podido sufrir,
> ni un sujeto que sepa obedecer, y por eso nunca para en sitio alguno.[26]

Ante la ola de protestas, en la que participaban también obispos y religiosos, Carlos V retrocedió y revocó algunas ordenanzas, en particular la
que preveía la abrogación de la encomienda a la muerte de su titular. El
problema no estaba resuelto, y seguía vigente el sistema de la encomienda.

En diciembre de 1543, Carlos V propuso al Papa el nombramiento
de fray Bartolomé como obispo de Chiapas. Este lo aceptó, y fue con-
sagrado en Sevilla de donde salió hacia el Nuevo Mundo el 10 de julio.
En marzo de 1545, después de un largo viaje de más de un año, llegó

---

25 Unas cuantas frases escogidas podrán dar una idea del contenido de aquel texto de
    suma importancia:
    1 .Nuestro principal intento y voluntad siempre ha sido y es la conservación y aumen-
       to de los indios, y que sean instruidos y enseñados en las cosas de nuestra santa fe
       católica y bien tratados como personas libres y vasallos nuestros, como lo son,....
    2. Item, ordenamos y mandamos que de aquí adelante por ninguna causa de guerra ni
       otra alguna, aunque sea so título de rebelión, ni por rescate, ni de otra manera, no se
       pueda hacer esclavo indio alguno, y queremos sean tratados como vasallos nuestros
       de la corona de Castilla, pues lo son.
    10. Otrosí ordenamos y mandamos que de aquí adelante ningún visorrey, gobernador,
        Audiencia, descubridor, ni otra persona alguna, no pueda encomendar indios por
        nueva provisión, ni por renunciación, ni donación venta, ni otra cualquier forma,
        modo, ni por vacación y herencia, sino que, muriendo la persona que tuviere los
        dichos indios, sean puestos en nuestra real Corona.
26 Carta de los representantes de la ciudad y justicia de Guatemala. En Antonio María
    Fabié, *Vida y escritos de Fray Bartolomé de Las Casas, obispo de Chiapa*. Madrid, 1879.
    Tomo II. p.125-126.

en Ciudad Real de los Llanos de Chiapas, donde tuvo que enfrentarse a la recia oposición de los encomenderos y a la hostilidad de las autoridades civiles. El nuevo obispo quería aplicar drásticamente la nueva legislación. Quiso imponer lo expuesto en unos *Avisos y reglas para los confesores que oyeren confesiones de los españoles que son o han sido encargo a indios*, donde daba como penitencia a los encomenderos la *restitución*, lo que suponía que devolviesen a los indios su libertad y sus haciendas. No lo consiguió.

Decidió entonces regresar a España, donde pensaba que sería más eficiente para seguir el combate, y en la primavera de 1547 estaba en Aranda de Duero. Quería demitir de su obispado y editar algunos tratados. Entonces se enteró de que Juan Ginés de Sepúlveda[27], que propugnaba una doctrina radicalmente opuesta a la suya, quería imprimir su *Democrates alter* donde defendía el sistema de esclavitud de los indios y el concepto de conquista. Las Casas consiguió que la universidad de Alcalá de Henares y la de Salamanca se negaran a darle el *imprimatur*. Además, obtuvo del Consejo de Indias que solicitara del emperador la creación de una comisión de expertos para solucionar el problema de las encomiendas y de la conquista.

La controversia de Valladolid:

Carlos V mandó hacer una congregación de letrados, teólogos y juristas... para que platicasen y determinasen si contra las gentes de aquellos reinos se podían lícitamente... mover guerras que llaman conquistas. El Consejo de Indias citó a Sepúlveda y a Las Casas para que ambos expusiesen su tesis ante los miembros de la junta [28].

Los dos adversarios discutieron esencialmente acerca del punto de saber si era lícito hacer guerra a los indios antes de predicar la fe cris-

---

27 **Juan Ginés de Sepúlveda** (1490-1573) Andaluz de humilde origen, sus padres eran "labradores pero cristianos limpios y viejos... no contaminados con moros, judíos o conversos". Cursó filosofía (Universidad de Alcalá) y teología (Sigüenza) y luego estudió en Bolonia. Allí fue donde se entusiasmó por Aristóteles cuyas obras tradujo y comentó. Cronista, alabó las hazañas de los españoles en el Nuevo Mundo, participó en la lucha contra Erasmo y Lutero escribiendo, *Democrátes Primus, o de la conformidad de la milicia con la Religión cristiana* , obra en la que justifica las guerras de Carlos V. Participó en la Controversia de Valladolid, oponiéndose a Las Casas.

28 Los miembros de la junta, quince en total, fueron convocados el 15 de agosto de 1550 en la capilla del colegio San Gregorio de Valladolid. Había siete miembros del Consejo de Indias, dos del Consejo Real (licenciado Arraya y licenciado Mercado), uno del Consejo de las Ordenes de Caballería (licenciado Pedrosa), tres teólogos dominicos (Domingo de Soto, Melchior Cano, Bartolomé Carranza de Miranda), un teólogo franciscano (Bernardino de Arévalo) y un obispo (Pedro Ponce de León). Una segunda sesión tuvo lugar en abril-mayo de 1551.

tiana, como lo afirmaba Sepúlveda, o si había que adoptar una regla contraria, o sea evangelizar sin guerra y sin violencia como lo preconizaba Las Casas. Las Casas añadía que la guerra que se hacía a los indios era injusta y opuesta a la religión cristiana.

Las dos tesis eran totalmente opuestas e irreconciliables. Sepúlveda expresaba la posición de un político católico que consideraba la conquista como un hecho histórico irreversible. Las Casas se expresaba como moralista cristiano. Investigaba las causas, analizaba la situación, refiriéndose a principios morales. El único punto sobre el cual los dos adversarios estaban de acuerdo era la necesidad de la evangelización.

Los argumentos de Sepúlveda se encontraban en una obra que redactó hacia 1545 y cuyo título era *Demócrates alter o de justis belli causis*. Este texto circulaba en copias manuscritas[29]

La argumentación de Ginés de Sepúlveda venía inspirada por San Agustín, referencia indiscutible, quien había declarado que las guerras se podían librar con tal de que su causa sea justa:

> Quede, pues, sentado, conforme a la autoridad de los sabios más eminentes, que es justo y natural el dominio de los prudentes, buenos y humanos sobre sus contrarios, pues no otro motivo justificó el imperio legítimo de los romanos sobre los demás pueblos, según el testimonio de Santo Tomás en el libro *Del régimen del Príncipe*.

Además, según él, los indios se entregaban a pasiones primitivas y muchos comían carne humana. Por lo tanto, la conquista y la coerción de los indios le parecía totalmente justificada:

> Cómo hemos de dudar que estas gentes tan incultas, tan bárbaras, contaminadas con tantas impiedades y torpezas han sido injustamente conquistadas por tan excelente, piadoso y justísimo rey como lo fue Fernando el Católico y lo es ahora el César Carlos, y por una nación humanísima y excelente en todo género de virtudes?
> (....) Esos hombrecillos en los cuales apenas encontrarás vestigios de humanidad, que no sólo no poseen ciencia alguna, sino que ni siquiera conocen las letras ni conservan ningún momento de su historia, sino cierta oscura y vaga reminiscencia de algunas cosas consignadas en ciertas pinturas, y tampoco tienen leyes escritas, sino instituciones y costumbres bárbaras...
> Con perfecto derecho los españoles ejercen su dominio sobre esos bár-

---

29 Las Casas sólo pudo leer este texto en 1547 a su vuelta a España. Sepúlveda había entregado su manuscrito a la Universidad de Salamanca y a la de Valladolid para su examen y su eventual impresión. A pesar de considerarlo valioso, no autorizaron que se imprimiera. Sepúlveda escribió entonces al Príncipe Felipe para pedir licencia para imprimirlo, el cual no le contestó. Decidió imprimir en Roma, en 1550, una *Apología del libro sobre las causas justas de la guerra*. No fue aceptada dicha *Apología* por la Corona, pues como lo escribió Las Casas el emperador mandó despachar luego su real cédula para que se recogiesen y no pareciesen todos los libros o traslados della (la *Apología*). Y así se mandaron recoger por toda Castilla.

baros del Nuevo Mundo e islas adyacentes, los cuales en prudencia, ingenio y todo género de virtudes y humanos sentimientos son tan inferiores a los españoles como los niños a los adultos, las mujeres a los varones, los crueles e inhumanos a los extremadamente mansos, los exageradamente intemperantes a los continentes y moderados. [30]

Según Sepúlveda, que se refería a Aristóteles, por ser bárbaros, los indios eran esclavos *a natura*. Por lo tanto, era lógico que estuviesen dominados por seres civilizados como los españoles. Las Casas, afirmaba lo contrario y como se puede notar en el principio de *la Brevísima relación*, insistía en la nobleza natural de los indios, que

> son asimesmo las gentes más delicadas, flacas y tiernas en complisión y que menos pueden sufrir trabajos, y que más fácilmente mueren de cualquier enfermedad, que ni hijos de príncipes y señores entre nosotros...

Las Casas, que admitía la existencia de seres bárbaros, notó en su octava réplica que durante la conquista de España, los Romanos llamaban bárbaros a los españoles. Además, en respuesta a los argumentos de barbarie, Las Casas llegó hasta el punto no de justificar, sino de explicar los sacrificios humanos que practicaban los aztecas, los cuales, a su parecer, con aquel ritual cruento respetaban las leyes de sus dioses (la conciencia errónea liga y obliga igualmente como la conciencia recta). Por lo tanto, y concluía así su argumentación, estos indios, en el marco de su concepción del mundo, respecto a su moral y a su filosofía, actuaban de un modo lógico. Tal reflexión revela, de parte de Las Casas, un sentido de la historia y de la humanidad muy sorprendente en su época por su capacidad de tener una visión comparada de los pueblos y de las culturas, liberada del europeocentrismo[31]. En sus respuestas, fray Bartolomé expuso también una concepción muy moderna en lo que se refiere al derecho de los pueblos, cuando escribió:

> Si toda la república, de común consentimiento de todos los particulares,

---

30   Juan Ginés de Sepúlveda, *Demócrates segundo o de las justas guerras contra los indios*. Edición crítica bilingüe, traducción castellana, introducción, notas e índices de Angel Losada , CSIC, Instituto Francisco de Vitoria, Madrid, 1951.

31   Michel Eyquem de Montaigne, que probablemente pudo leer la *Brevísima* en la traducción francesa de 1579, expuso su criterio del relativismo histórico refiriéndose al canibalismo de los tupinambas de Brasil: Lo que ocurre es que cada cual llama barbarie a lo que es ajeno a sus costumbres. Como no tenemos otro punto de mira para distinguir la verdad y la razón que el ejemplo e idea de las opiniones y usos del país en que vivimos, a nuestro dictámen en él tiene su asiento la perfecta religión, el gobierno más cumplido, el más irreprochable uso de todas las cosas (....) Creo que es más bárbaro comerse a un hombre vivo que comérselo muerto; desgarrar por medio de suplicios y tormentos un cuerpo todavía lleno de vida, asarlo lentamente y echarlo luego a los perros o a los cerdos; esto, no sólo lo hemos leído, sino que lo hemos visto recientemente, y no es que se tratara de antiguos enemigos, sino de vecinos y conciudadanos, con la agravante circunstancia de que para la comisión de tal horror sirvieron de pretexto la piedad y la religión. (Montaigne, *Ensayos*, libro I, cap. XXX De los caníbales).

no quisiese oirnos, sino estarse con sus ritos en tierras donde nunca había
habido cristianos (como son los indios), en tal caso no les podemos hacer
guerra (Ibid. P.305).

En sus conclusiones afirmó con el mismo vigor que le animaba en
sus repetidas denuncias de la *Brevísima relación*: :

> Todas las conquistas y guerras que desde que se descubrieron las Indias,
> hasta hoy inclusive, se han hecho contra los indios, fueron siempre y han
> sido injustísimas, infernales, y que han sido peores y en ellas se han co-
> metido más deformidades y con más ofensa de Dios que las que hacen
> los turcos e moros contra el pueblo cristiano.

A pesar de todo, es de notar que Las Casas no llegó nunca a con-
denar, ni siquiera a dudar de la legitimidad de la ocupación del Nuevo
Mundo por la Corona de España. Antes afirmaba que

los reyes de Castilla son obligados por derecho divino a poner tal
gobernación y regimiento en aquellas gentes naturales de las Indias
(*Treinta proposiciones muy jurídicas*).

En conclusión, no hubo vencedor ni vencido: los juristas en su ma-
yoría apoyaron las tesis de Sepúlveda. Entre los teólogos, sólo Domingo
de Soto votó a favor de Las Casas, Carranza se abstuvo, Cano estaba
ausente.... Es de notar que al acabar tan sonada disputa, no se publicó
un comunicado final. A medida que la fama de Las Casas iba en au-
mento, también se acumulaban las enemistades.

EL PROFETISMO DE LAS CASAS:

En su lucha para afirmar la justicia y el respeto de las leyes humanas y divinas, Las Casas utilizó un arma terrible, el profetismo apo-
calíptico. Su admonestación era ésta: En el *Apocalipsis* de San Juan, los
cristianos eran las inocentes víctimas de la demoníaca Roma pagana
mientras que en la terrible experiencia de la conquista, los cristianos
españoles se convirtieron en demonios que acosaron y exterminaron a
los indios recién convertidos o por convertir. Lo peor es que siguen en
sus acciones funestes que representan una ofensa a la moral religiosa.
Entonces, tal un profeta, anuncia desde su púlpito y en sus escritos que
si España no restablece los valores morales, si tolera tal injuria hecha

cotidianamente a Dios, y si, además, no hace penitencia, sufrirá ella misma la destrucción por mano divina:

> ... Cuanto se ha cometido por los españoles contra aquellas gentes, robos e muertes y usurpaciones de sus estados y señoríos de los naturales reyes y señorez, tierras e reinos, y otros infinitos bienes, con tan malditas crueldades, ha sido contra la ley rectísima inmaculada de Jesucristo y contra toda razón natural, e en grandísima infamia del nombre de Jesucristo y su religión cristiana, y en total impedimento de la fe, y en daños irreparables de las ánimas y cuerpos de aquellas inocentes gentes. E creo que por estas impías y celerosas e ignominiosas obras, tan injusta, tíranica y barbáricamente hechas en ellas y contra ellas, **Dios ha de derramar sobre España su furor e ira**, porque toda ella ha comunicado y participado poco que mucho en las sangrientas riquezas robadas y tan usurpadas y mal habidas, con tantos estragos y acabamientos de aquellas gentes, si gran penitencia no hiciere.[32]

Este profetismo tenía sin duda alguna un impacto entre los lectores españoles del siglo XVI que temían una repetición de lo acontecido en el año 711 con la invasión musulmana. Es de recalcar que en *Del único modo de atraer todos los pueblos a la verdadera religión* (redactado en la misma época que la *Brevísima*), Las Casas tachó los conquistadores de seguidores de Mahoma cuando en España muchos temían una invasión turca y recelaban la presencia de Moriscos como un enemigo interior. En el *Octavo remedio*, escribió al rey:

> Estos reinos de España, de que Vuestra Majestad es rey natural y señor, están en muy gran peligro de ser perdidos, y destruidos, y robados, opresos y asolados de otras estrañas naciones, y especialmente de turcos, y moros, y enemigos de nuestra santa fe católica. La razón desto es porque Dios, que es justísimo y verdadero y sumo rey de todos universal, está muy indignado, enojado y ofendido de grandes ofensas y pecados que los de España ha cometido y obrado en todas las Indias, afligiendo y oprimiendo, tiranizando y robando, y matando tantas y tales gentes sin razón y justicia alguna, y en tan poquitos años despoblando tantas y tales tierras.[33]

---

32 B.A.E. tomo CX, *Testamento de Bartolomé de Las Casas* (17 de marzo de 1564), in *Opúsculos, cartas y memoriales*. Ilustración preliminar y edición de Juan Pérez de Tudela, Madrid, 1958, p.539.

33 *Ibid*. p. 111.

LA BREVÍSIMA, UN MEMORIAL DE AGRAVIOS

En 1552, Las Casas dio a la imprenta, en Sevilla, nueve *Tratados,* entre ellos la *Brevísima relación de la destrucción de las Indias,* redactada en 1542. Está dedicada al príncipe Felipe, pero no se limitó a ser un informe confidencial, sino que se publicaron numerosos ejemplares para que los misionarios expedicionarios pudiesen llevar algunos a las Indias. Consiguió imprimirla sin autorización y se justificó escribiendo a propósito del *Tratado comprobatorio*: Solamente lo hice imprimir porque Vuestra Alteza lo leyese con más facilidad.

La Brevísima, como se suele llamar, es sin duda alguna la obra más conocida y más leída de Bartolomé de Las Casas, tal vez por la densidad y por la intensidad de la denuncia y el más apasionado alegato que se escribió en defensa de los pueblos conquistados. El superlativo *Brevísima*, expresando una restricción da más fuerza al acto de acusación. Supone que si el autor lo quisiera, podría exponer muchos más estragos y agravios y acumular más argumentos, pero le bastará con ser muy breve para provocar la indignación de sus lectores y en particular la del futuro Felipe II a quien va dedicada la obra.

En efecto este memorial de agravios, o acto de acusación, no pretendía dar pormenores históricos después de haber examinado testimonios o relatos con ojo crítico, como lo hace de manera dilatada en su *Historia de las Indias.* Se trataba de despertar las conciencias, de chocar las sensibilidades, utilizando todos los recursos de la retórica para denunciar una realidad catastrófica y, por lo tanto, para conseguir un cambio político radical en las colonias de ultramar tan alejadas y tan poco conocidas de los mayores responsables de España.

Siendo la denuncia el tema exclusivo de la *Brevísima,* el discurso aparece pues más compacto y acumulativo. Para convencer, Las Casas concentra las descripciones de atrocidades, enumera una sucesión ininterrumpida de matanzas, de torturas, de destrucciones, y esquematiza el contraste entre la bondad de los indios y la maldad de los españoles. Esta imagen maniqueista del indio inocente y virtuoso, opuesta a la del conquistador español cruel y destructor, obviamente era una generalización que sufría sus excepciones de ambos lados, pero que reflejaba una indiscutible realidad.

Los superlativos, las reiteraciones y encarecimientos, las hipérboles cuantitativas y cualitativas, las parábolas, los comentarios indignados, etc., forman parte del arsenal lingüístico usado por el clérigo en sus escritos lo mismo que en sus predicaciones. En este registro, la imagen más conocida y de las más impactantes es la de las ovejas mansas y de los lobos o de los tigres crudelísimos:

> Entre estas ovejas mansas, y de las cualidades susodichas por su Hacedor y Criador así dotadas, entraron los españoles, desde que las conocieron, como lobos y tigres y leones crudelísimos de muchos días hambrientos.

La imagen recordaba también los estragos del señor feudal, asimilado al lobo devorando a su feudos, y a los Moros que cometían estragos entre las ovejas cristianas.

El tono empleado es patético de modo casi permanente. En su evocación desoladora, el Nuevo Mundo, con sus paisajes paradisíacos, abierto a la evangelización, se ha convertido, desde el principio de la conquista, en una sucursal del infierno y los soldados de Cristo en soldados del diablo. Las violencias y las crueldades, a menudo gratuitas y siempre aborrecibles, cobraban en aquellos años de conquista, una resonancia inaudita por haber sido cometidas sistemáticamente, precisamente por quienes tenían misión de propagar la fe. Por lo tanto, se podía interpretar que hacían tantas inhumanas acciones, indirectamente, en nombre de Cristo. Peligraban las almas de los cristianos y también las de los indios, pues estas gentes (serían) las más bienaventuradas del mundo si solamente conocieran a Dios.

Las cifras de víctimas, tan a menudo criticadas en su inexactitud, no eran el resultado de unas estadísticas precisas –¡ quién pudiera conseguirlas! – sino un procedimiento de abogado para dar a conocer una situación, la cual sí era exacta. A este propósito, Lewis Hanke escribió: Nadie defendería hoy las estadísticas que dio Las Casas, pero poco negarían que sus principales cargos eran verdaderos en gran parte. Los supuestos errores numéricos han sido explotados por sus detractores, que dejaban así suponer que el conjunto de sus afirmaciones eran mentiras. Hasta sus defensores admitían la exageración sistemática como procedimiento retórico. Se cita a menudo la primera afirmación espantosa, consecuencia de los agravios y crímenes de la conquista :

> ...habiendo en la isla Española sobre tres cuentos de ánimas que vimos, no hay hoy de los naturales de ellas doscientas personas.

Aunque siga difícil apreciar exactamente la población primitiva de dicha isla tampoco hay elementos, sino impresionistas, para afirmar que Las Casas estaba alejado de la verdad. Por lo menos, todos los historiadores quedan de acuerdo para afirmar la desaparición completa de los grupos indígenas de la isla en los años de la publicación de la *Brevísima*.

Es lógico que la acumulación y la sistematización de tales recursos formales propios de un panfleto, han tenido unos impactos contradictorios. Por una parte, han podido acrecentar o reforzar la indignación de ciertos lectores y de ciertas autoridades políticas, pero también han dado pie al escepticismo y a la crítica acerca de la representación objetiva de los hechos históricos, aunque el vigor de la denuncia no afectase la veracidad esencial del testimonio. Por lo tanto, la *Brevisima* será el libro más comentado, más estigmatizado y más ensalzado entre aquellos que fueron escritos sobre la conquista de las Indias occidentales.

La Brevísima relación y la leyenda negra

En la época de la publicación de la *Brevísima*, los colonizadores encomenderos que seguían actuando como diablos sin temer la ira de Dios, eran españoles y católicos, y por lo tanto Las Casas alzó la voz en nombre de la justicia, para advertirlos del grave peligro en el que se encontraban sus almas si no se arrepentían. Pero los acusados no le perdonaron nunca lo que consideraban como una traición y se negaron a cualquier contrición, protestando de su inocencia, de la inferioridad y de la barbarie de los indios, tachando al dominico de mentiroso o demente y asimilándole a un enemigo, reduciendo un problema universal de justicia y humanidad a una susceptibilidad nacional.

Se puede notar cual fue el impacto de la obra al leer la carta indignada que mandó desde México al Emperador el franciscano fray Toribio de Benavente, conocido por Motolinía. Unos pocos renglones permiten ver el odio que Las Casas había suscitado en un personaje que, a pesar de todo, compartía sus ideas:

> Yo me maravillo cómo Vuestra Majestad y los vuestros Consejos han

podido sufrir tanto tiempo a un hombre tan pesado, inquieto e importuno, y bullicioso y pleitista en hábito de religión, tan desasosegado, tan mal criado y tan injuriador y perjudicial y tan sin reposo (.....) Todos sus negocios han sido con algunos desasosegados... mostrando que ama mucho a los indios y que él solo los quiere defender y favorecer más que nadie, en lo cual acá muy poco tiempo se ocupó (....) En suma... el se atreve a mucho, y muy grande parece su desorden y poca su humildad, y piensa que todos yerran y que él solo acierta. Consideraba también que hacía injuria a la nación española, a su príncipe y a sus Consejos.[34]

Por lo tanto, con aquel ambiente de hostilidad, es fácil de entender que desde la edición original de Sevilla (1552), la *Brevísima* sólo tuvo tres ediciones en España durante más de cuatro siglos (Barcelona, 1646; Cádiz, 1821 y Madrid, 1879). Su aspecto revolucionario e intemporal, sus ideas humanistas que no se aplican exclusivamente a la historia de España, hicieron que se considerara este texto como un explosivo, utilizado a menudo en su valor restrictivo por los enemigos de España en Europa o, más tarde, en América en el período de la Independencia, y rechazado en España por remover recuerdos poco halagüeños relativos a un período de la historia, oficialmente considerado y presentado como glorioso. Por consiguiente a pocos les convenía darle nueva publicidad, sabiendo que no hubiera tenido mucho éxito un texto tan adverso a la visión dominante que ensalzaba los méritos de los conquistadores.

Sin embargo la *Brevísima* es la obra más difundida de la abundante producción historiográfica española relativa a los descubrimientos y conquistas del Nuevo Mundo. En efecto, las que no faltaron fueron las ediciones publicadas por los enemigos políticos de España, y sobre todo por sus enemigos religiosos a fines del siglo XVI y principios del XVII. (Ver Apéndice: La guerra de las imágenes: los grabados de Teodoro de Bry).

El personaje de Las Casas, su actuación y sus escritos, aunque no levantaron la polémica que se hubiera podido esperar mientras vivía,

---

34   **Fray Toribio de Benavente**, *Carta al emperador Carlos V,* Tlaxcala, 2 de enero de 1555. En *Memoriales e Historia de las Indias*, Madrid, 1970 (B.A.E. 240, p. 337).
Entre Las Casas y Motolinía se había originado una enemistad personal a propósito de un bautismo. Motolinía pidió a Las Casas que bautizara a un indio, pero el dominico se negó a hacerlo porque este indio no estaba preparado, y en esto seguía las reglas normales. Motilinía pensaba que la fe se predicaba con rapidez, pues para él más valía bueno por fuerza, que malo por grado. Y así empezó una agria controversia entre los dos. Motolinía formaba parte de los doce franciscanos que llegaron a Nueva España en 1535 dirigidos por Martín de Valencia. Fundó conventos, aprendió el nahuatl (Motolinía significa en este idioma el pobre). Siempre defendió a los Indios. Su obra principal es *Historia de los indios de la Nueva España*.

fueron a pesar de todo el blanco de muchas críticas y resentimientos. Por ser su obra más denunciadora, *la Brevísima* fue el texto más atacado, el que originó las más numerosas y las más profundas enemistades en el Nuevo Mundo, lo mismo que en España.

La muerte del incansable Defensor de los indios, fue por consiguiente un alivio para los colonos, al mismo tiempo que una pérdida irremediable para los partidarios de la justicia y de la igualdad entre los hombres:

> Cuando el 31 de julio de 1566, en el convento de Atocha de la ciudad de Madrid, murió Fray Bartolomé de Las Casas, hincháronse a satisfacción múltiples pechos y desbordóse la alegría en cientos de corazones, ya seguros contra la impertinencia del nonagenario dominico. Más de medio siglo había resonado la voz inexorable que de las conciencias espantaba la tranquilidad. Pesadilla obstinada, quitó sabor al fruto de trabajos heroicos y emponzoñó el logro de la victoria... [35]

En España, muchos consideraron que Las Casas había contribuido al discrédito de su patria. La primera crítica directa fue la del capitán Bernardo de Vargas Machuca a principios del siglo XVII, en *Apologías y discursos de las conquistas occidentales* que ni siquiera llegó a publicarse [36]. El autor indignado por la edición con los grabados de de Bry quería defender el honor de las armas de la nación española.

Mas prudente fue el historiador Antonio de Herrera que escribía para que sepan las naciones extranjeras que todos los reyes católicos y sus consejeros quedaron fieles a la bula pontificia y no han tratado explotar en provecho suyo estas nuevas tierras como lo pretenden. [37]

Otra reprobación notable fue la de Saavedra Fajardo[38] que considera que los inevitables desórdenes de los primeros años de la dominación española sobre las Indias se explican y se justifican por la necesidad de sojuzgar unos idólatras más fieros que las mismas fieras y considera que fueron mucho más crueles y reprensibles las guerras europeas.

---

35 **Agustín Yáñez**, *Fray Bartolomé de Las Casas, el conquistador conquistado*, Editorial Xóchitl, México, 1942). El escritor mexicano habla del nonagenario puesto que entonces se pensaba erróneamente que Las Casas había nacido en 1474. Ahora se sabe que fue en 1484.

36 **Bernardo de Vargas Machuca**, *Apologías y discursos de las conquistas occidentales,* Ed. Junta de Castilla y León, 1993. **Francisco de Quevedo**, en su *España defendida* (1609) manifestaba la misma indignación y el mismo sentimiento nacionalista pero sin citar ninguna obra de Las Casas. Su texto de referencia era la traducción francesa de la *Historia del Mondo Nuovo* de Girolamo Benzoni publicada en Génova en 1569 con comentarios sistemáticamente anti-españoles del protestante Urbain Chauveton.

37 **Antonio de Herrera**, *Historia General de los hechos de los castellanos en las islas y en tierra firme del mar Océano*, Madrid, 1601-1615.

38 **Diego de Saavedra Fajardo**, *Idea de un príncipe político-cristiano representado en cien empresas*,1640. (Empresa XII).

Las acusaciones de Las Casas siguieron perturbando las susceptibilidades de un nacionalismo histórico siempre vivo. Era el choque de
la leyenda dorada y de la leyenda negra de la conquista. Hasta el Tri-
bunal de la Santa Inquisición condenó y prohibió en 1659 la *Brevísima
relación de la destrucción de las Indias*, no por motivos de herejía, sino
por evitar que utilizaran los extranjeros dicho libelo en sus ataques
contra España.

En el siglo XVIII, en el *Lazarillo de los ciegos caminantes*, Carrió
de la Vandera evocaba indirectamente el texto de la *Brevísima*: Refiriéndose a los conquistadores escribía:

> Estos grandes hombres fueron injustamente, y lo son, perseguidos de
> propios y extraños. A los primeros no quiero llamarlos envidiosos, sino
> imprudentes, en haber declamado tanto contra unas tiranías que, en re-
> alidad, eran imaginarias, dando lugar a los envidiosos extranjeros, para
> que todo el mundo se horrorice de su crueldad...

Para justificar un tratamiento riguroso recuerda la llegada de
Colón a su segundo viaje cuando no encontró vivo a ninguno de los
cuarenta hombres que había dejado en la isla Española:

> Los españoles reconocieron la inhumanidad de los indios y desde en-
> tonces dio principio la desconfianza que tuvieron de ellos y los trataron
> como a unos hombres que era preciso contenerlos con alguna especie de
> rigor y atemorizarlos con algún castigo, aun en faltas leves, para no ser
> confundidos y arruinados de la multitud. A los piadosos eclesiásticos
> que destinó el gran Carlos Primero, rey de España, les pareció que este
> trato era inhumano, y por lo mismo escribieron a la corte con plumas
> ensangrentadas, de cuyo contenido se aprovecharon los extranjeros para
> llenar sus historias de dicterios contra los españoles y primeros con-
> quistadores.[39]

En la misma época, el francés Marmontel alababa la lucidez y el
valor de Bartolomé de Las Casas que fue uno de los pocos que alzó la
voz en contra de los excesos de la conquista y de la condición injusta
que padecían los indios. Además el título de su obra está inspirado por
la *Brevísima*: *Los Incas, o la destrucción del Perú.*:

> Nunca se vió en la historia nada más emocionante, nada más terrible
> que las calamidades del Nuevo Mundo relatadas en el libro de Las
> Casas. Aquel apóstol de las Indias, aquel virtuoso clérigo, aquel testigo
> que se hizo célebre por su valerosa sinceridad, compara los indios a
> ovejas y los españoles a tigres, a lobos devoradores, a leones hambrientos.

---

39   **Alonso Carrió de la Vandera** (Concolorcorvo), *El Lazarillo de ciegos caminantes* (1773).
     Stockcero ISBN 987-1136-26-9.

Todo lo que dice en su libro, lo había dicho a los Reyes, al Consejo de Castilla, en medio de una corte vendida a los maleantes que acusaba. Nunca se ha condenado su celo, antes recibió títulos honoríficos lo que es una prueba evidente que los crímenes que denunciaba no estaban autorizados por el Príncipe ni aceptados por la Nación.(....) Por lo que atañe a estos crímenes de los que España se ha desquitado, publicándoles ella misma y condenándoles, veremos que por cualquier parte del mundo en circunstancias idénticas se hubieran encontrado hombres capaces de semejantes desmanes.[40]

Muy opuesta fue la apreciación del padre Nuix y Perpiñá que alababa en su obra la humanidad de los españoles en las Indias:

En el año 1546 (en realidad 1552) el famoso Bartolomé de Las Casas dio al mundo el retrato más horrible de los conquistadores de América, a quienes representaba como otros tantos leones o diablos. Este libro, que, dejadas aparte las falsedades y exageraciones, en el fondo y fin de la acusación era solamente un eco de los repetidos lamentos de casi todas las naciones, debía mirarse como un nuevo testimonio de la humanidad española. Pero, ya por lo inmoderado de las aserciones, ya por la envidia y odio de los extranjeros, comenzó entonces y continuó después en ser mirado como un monumento de la mayor barbarie.[41]

La Brevísima fue recordada y editada en las colonias españolas de América a principios del siglo XIX, cuando empezaron los movimientos independentistas. Fue aprovechada la figura del defensor de los indios y considerada como la de un precursor a la ideología de los Libertadores por su crítica del régimen colonial. Uno de los ejemplos más significativos fue el de los comentarios del mejicano fray Servando Teresa de Mier [42], el cual recordó todo lo que la América debe a su padre y verdadero apóstol, resumiendo cual fue su incansable labor contra el régimen de la *encomienda*. Mier insistió además en el hecho de que se incorporaron las Indias a la corona de Castilla como reynos feudatarios, sistema que Las Casas fue el primero en denunciar. Bolívar en su *Carta de Jamaica* y José Martí en un artículo publicado en su revista *La Edad de Oro* (1898) reconocieron y ensalzaron la causa defendida por Las Casas, que era fundamentalmente la de la libertad y dignidad humanas.

---

40   Jean-François Marmontel, *Les Incas ou la destruction du Pérou,* 1777). Prefacio.

41   **Juan Nuix y Perpiñá,** *Riflessioni imparziali sopra l'umanita degli spagnoli nell'Indie,* Venezia, 1780. (Traducción española: *Reflexiones imparciales sobre la humanidad de los españoles en la indias contra los pretendidos filósofos y políticos.* 1782).

42   **Fray Servando Teresa de Mier y Guerra,** *Historia de la revolución de Nueva España* (1813). Edición crítica Paris. Teresa de Mier evocó el personaje de Las Casas en estos términos: El habló a los reyes con entereza, compareció con firmeza ante los tribunales, disputó con los sabios, hizo frente a los poderosos, lleno el orbe de escritos, gritos y lágrimas, padeció persecuciones tremendas y escapó muchas veces a la muerte que le procuraron las pasiones conjuradas.. (*Escritos inéditos,* Colegio de México, 1944, p..260)..

Siguiendo las huellas de Nuix y Perpiñá, Julián Juderías, inventor de la expresión *leyenda negra*, crítico que ensalzó la obra civilizadora de España en la historia, recalcaba a su vez el papel negativo que tuvo, a su parecer, el Padre Las Casas a pesar de sus buenas intenciones:

> (....) Es indudable que hizo con su *Descripción de la destrucción de las Indias*, un daño gravísimo a su patria..... Cómo no iban a felicitarse los extranjeros de cuanto decía Las Casas?... Tenemos aquí (en la *Brevísima*) las bases de la leyenda de nuestra colonización: crueldad implacable e insaciable sed de riquezas. Bien fácil es de suponer el efecto que producirían las denuncias del Padre Las Casas en una época en que los españoles comenzaban a ser terriblement odiados. [43]

En el siglo veinte, en plena exaltación del mito de la Hispanidad, Menéndez Pidal escribió *Las Casas, su doble personalidad*, obra en la que considera que el obispo de Chiapas

> no era santo, ni era impostor, ni malévolo, ni loco; era sencillamente un paranóico[44].

Además, el autor de *La España del Cid* le añade un segundo grado de locura o sea la esquizofrenia tal como lo expresa el título de la obra, y por lo tanto no toma en consideración lógica los argumentos lascasianos, opinando que padecía de una incurable y delirante indiofilía, lo que sustraía la obra y los escritos lascasianos a toda valoración ética!

Otra figura relevante de la crítica literaria española del siglo veinte, Marcelino Menéndez y Pelayo, trató de definir la personalidad del Apóstol de los indios teniendo en la mente su libro faro, o sea *la Brevísima*: Parece que él tampoco le haya perdonado su obstinación en la denuncia y su afán insaciable de justicia:

> La grandeza del personaje no se niega, es grandeza rígida y angulosa, más de hombre de acción que de hombre de pensamiento. Sus ideas eran pocas y aferradas a su espíritu con tenacidad de clavos; violenta y aspérrima su condición, irascible y colérico su temperamento, intratable y duro su fanatismo de escuela, hiperbólico e intemperante su lenguaje, mezcla de pedantería escolástica y de brutales injurias. La caridad misma tomaba un dejo amargo al pasar por sus labios.[45]

De hecho, los que tacharon a Bartolomé de Las Casas de ser el

---

43   Julián Juderías, *La Leyenda negra. Estudios acerca del concepto de España en el extranjero*. Ed. Araluce, Barcelona. s.f. (p.303-305).

44   Ramón Menéndez Pidal, *El Padre Las Casas. Su doble personalidad.*. Menéndez Pidal no sólo considera Las Casas como un enfermo mental que se ensañaba contra los españoles, sino que le acusa de falta de caridad cristiana (Amor al indio? Odio al español p.111-113).

creador de la leyenda negra de la conquista, lo han acusado de exageraciones, inexactidudes, mentiras y calumnias, y hasta traíciones, creando a su vez una leyenda negra anti-lascasiana, imputándole la introducción de la esclavitud de los negros en el Nuevo Mundo y sobre todo reprochándole haber desprestigiado a España mediante del delirante libelo.

Para el argentino Rómulo D. Carbia,

> el libelo de Las Casas, cuya influencia había de llegar a ser tan extraordinaria (...) se desenvuelve, por entero, en una imprecisión desoladora, en la que nada se concreta, ni geográfica ni cronológicamente y en la que falta cuanto es necesario para que el testimonio resulte valedero. Califica el panfleto del Padre Las Casas de abrevadero común de una historiografía tendenciosa. [46]

El biógrafo más reciente de Las Casas, el historiador dominico Alvaro Huerga, aprecia de este modo la *Brevísima:*

> Es un panfleto periodístico, sin rigor metodológico, sin pruebas de lo que dice (....) Su contenido es horripilante, y el libelo más famoso de Bartolomé de Las Casas, la piedra angular de la Leyenda negra, el clavo al que se agarran los argonautas de la interpretación protestante de la colonización española, el escrito más veces invocado y reeditado, el árbol de que cada uno, cada lector o cada hermeneuta, hace la leña que quiere (....) A mi leal parecer, la publicación de la *Brevísima* se encuadra y explica en el estado de ánimo abatido, de fuerte depresión psicológica, en que don fray Bartolomé de Las Casas cayó a raíz de su fracaso como obispo de Chiapa. De esta perspectiva cabría interrogar: no late en la *Destrucción de las Indias* un complejo de frustración del obispo de Chiapa? [47]

LAS CASAS, INDIGENISTA.

A pesar de que sigan vigentes ciertas susceptibilidades y que no se hayan totalmente cicatrizado ciertas heridas, la historia reconoce los méritos de Bartolomé de Las Casas, su exigencia de justicia y de fraternidad.

---

45   **Marcelino Menéndez y Pelayo**, *Estudios de crítica literaria,* Madrid, 1895, Tomo II. p. 245.)

46   **Rómulo D. Carbia**, *Historia de la leyenda negra hispano-americana.* Ed. Orientación española, Buenos Aires. s. d. Es de notar que la obra va dedicada A la España inmortal, católica y hacedora de pueblos, que ha sufrido -por ser lo uno y lo otro- los agravios de la envidia y las calumnias de los enemigos de su fe: tributa este homenaje, de austera verdad histórica, un americano que tiene el doble orgullo de su condición de creyente y de su rancio abolengo español.

47   **Alvaro Huerga**, *Obras completas de Bartolomé de Las Casas. I. Vida y obras.* Alianza Editorial, Madrid, 1998. (p.288).

La postura que llamamos indigenista era, en la época de las conquistas, totalmente revolucionaria.

Su generosidad lo impulsó a coordinar una experiencia muy novedosa que fue la de la *Vera Paz*. Liberado del europeocentrismo, consideró el indio como su prójimo y lo defendió con tanta más energía cuanto que se encontraba en posición de inferioridad y de víctima. Lo que se pudo calificar de indiofilía no era sino el deseo de que se considerara como un igual de los europeos, concepción cristiana y humanista muy alejada de la mentalidad dominante de los administradores coloniales y de los encomenderos.

Si no rechazó lo que más tarde se llamaría colonialismo, consideraba que su única justificación tenía que ser la predicación de la fe cristiana. En cuanto a la conquista militar, sólo la concibe contra los infieles o herejes:

> Este término o nombre conquista para todas las tierras y reinos de las Indias descubiertas y por descubrir, es término o vocablo tiránico, mahomético, abusivo, improprio e infernal. Porque en todas las Indias no ha de haber conquistas contra moros de Africa o turcos o herejes que tienen nuestras tierras, persiguen los cristianos y trabajan de destruir nuestra sancta fe, sino predicación del Evangelio de Cristo, dilatación de la religión cristiana y conversión de ánimas, para lo cual no es menester conquista de armas sino persuasión de plabras dulces y divinas, y ejemplos y obras de sancta vida. Y por tanto, no son menester los condenados requerimientos que hasta agora se han hecho, ni esta negociación no se ha de llamar conquista, sino predicación de la fe y conversión de aquellos infieles que están aparejados sin tardanza alguna para recibir a Jesucristo por universal Criador y a Su Majestad por católico y bienaventurado Rey; y este es su proprio y cristiano nombre deste negocio de las Indias. [48]

El militantismo de fray Bartolomé, su tesón para imponer sus ideas revolucionarias, no lo concebía sino en el marco de una acción pacífica aplicando la moral cristiana en tiempos particularmente violentos. Sin darse cuenta del carácter utópico de algunas de sus ideas, a pesar de las oposiciones, trató de imponer, no sólo moralmente, sino también políticamente, sus convicciones acerca del trato de los seres humanos. Pensaba tener una especial misión divina[49]. Como lo subrayó Agustín Yáñez:

---

48 *Memorial de Remedios* (1542). B.A.E. tomo CX, p. 121

49 Por bondad y misericordia de Dios, que tuvo por bien de elegirme por su ministro sin yo se lo merecer, para procurar y volver por aquellas universas gentes de las que llamamos Indias... *Testamento de Las Casas*. ibid. p.539.

El criticismo ético, inexorable aun para lo más querido y para lo más temido, es la dimensión perpetua de Bartolomé de Las Casas; y, con el realismo metafísico de su pensamiento, la aportación de mayores consecuencias en la génesis del Nuevo Mundo[50]

Su humanismo y su universalismo, su misión de defensor ardiente de los pueblos oprimidos, se puede resumir en aquella suya fórmula:

"Todas las naciones del mundo son hombres, y de cada uno dellos es una no más la definición".

Jean-Paul Duviols
París - Marzo 2006

---

50   *Agustín Yáñez, op. cit., p. 190.*

¶Breuissima rela
cion dela destruycion delas In
dias:colegida por el Obispo dō
fray Bartolome de las Casas/o
Casaus dela orden de Sācto Do
mingo.
Año. 1552.

Argumento del Presente Epítome

Todas las cosas que han acaecido en las Indias, desde su maravilloso descubrimiento y del principio que a ellas fueron españoles para estar tiempo alguno, y después, en el proceso adelante hasta los días de agora, han sido tan admirables y tan no creíbles en todo género a quien no las vido, que parece haber añublado y puesto silencio y bastantes a poner olvido a todas cuantas por hazañosas que fuesen en los siglos pasados se vieron y oyeron en el mundo. Entre estas son las matanzas y estragos de gentes inocentes y despoblaciones de pueblos, provincias y reinos que en ella se han perpetrado, y que todas las otras no de menor espanto. Las unas y las otras refiriendo a diversas personas que no las sabían, y el obispo don fray Bartolomé de las Casas o Casaus, la vez que vino a la corte después de fraile a informar al Emperador nuestro señor [1] (como quien todas bien visto había), y causando a los oyentes con la relación de ellas una manera de éxtasis y suspensión de ánimos, fué rogado e importunado que de estas postreras pusiese algunas con brevedad por escripto [2]. Él lo hizo, y viendo algunos años

---

1   Las Casas llegó a España en 1540. Fue sólo en 1542 cuando pudo presentar antes Carlos Quinto y el Consejo de Indias, unos cuantos memoriales así como un esbozo de la *Destrucción de las Indias* cuya redacción acabó en Valencia en diciembre de 1542. En 1543, el Emperador propuso al papa que nombrara Las Casas obispo de Chiapas. El *Argumento,* lo mismo que el *Prólogo,* fue redactado en 1552.

2   Alude a algunos de los miembros del Consejo de Indias que se habían comprometido en defender las *Leyes Nuevas*, las cuales se promulgaron en 1542.

después muchos insensibles hombres que la cobdicia y ambición ha hecho degenerar del ser hombres, y sus facinorosas obras traído en reprobado sentido, que no contentos con las traiciones y maldades que han cometido, despoblando con exquisitas especies de crueldad aquel orbe, importunaban al rey por licencia y auctoridad para tornarlas a cometer y otras peores (si peores pudiesen ser), acordó presentar esta suma, de lo que cerca de esto escribió, al Príncipe nuestro señor[3], para que Su Alteza fuese en que se les denegase; y parecióle cosa conveniente ponella en molde, porque Su Alteza la leyese con más facilidad. Y esta es la razón del siguiente epítome, o brevísima relación.

Fin Del Argumento

3   La dedicatoria viene dirigida al príncipe Felipe (el futuro Felipe II), pues en 1552 era regente de España y por consiguiente tenía a su cargo los negocios de las Indias Occidentales, durante la ausencia de su padre que en aquel entonces estaba en Alemania.

Prólogo

Del obispo fray Bartolomé de las Casas o Casaus para el muy alto y muy poderoso señor el príncipe de las Españas, don Felipe, nuestro señor

Muy alto e muy poderoso señor:

Como la Providencia Divina tenga ordenado en su mundo que para dirección y común utilidad del linaje humano se constituyesen, en los reinos y pueblos, reyes, como padres y pastores (según los nombra Homero)[4], y, por consiguiente, sean los más nobles y generosos miembros de las repúblicas, ninguna dubda de la rectitud de sus ánimos reales se tiene, o con recta razón se debe tener, que si algunos defectos, nocumentos [5] y males se padecen en ellas, no ser otra la causa sino carecer los reyes de la noticia de ellos. Los cuales, si les constasen, con sumo estudio y vigilante solercia[6] extirparían. Esto parece haber dado a entender la divina Escriptura de los proverbios de Salomón. *Rex qui sedet in solio iudicit, dissipatomne malum intuito* [7] *suo*. Porque de la innata y natural virtud del rey, así se supone, conviene a saber, que la noticia sola del mal de su reino es bastantísima para que lo disipe, y que ni por un momento solo, en cuanto en sí fuere, lo pueda sufrir.

---

4   Véase Homero, *la Ilíada*, libro I.
5   *Nocumentos* (latín *nocivus*): perjuicios, daños.
6   *Solercia* : habilidad.
7   El rey que está sentado en el trono de la justicia disipa toda maldad con su mirada (*Proverbios*, 20, 8).

Considerando, pues, yo (muy poderoso señor), los males e daños, perdición e jacturas [8] (de los cuales nunca otros iguales ni semejantes se imaginaron poderse por hombres hacer) de aquellos tantos y tan grandes e tales reinos, y, por mejor decir, de aquel vastísimo e nuevo mundo de las Indias, concedidos y encomendados por Dios y por su Iglesia a los reyes de Castilla para que se los rigiesen e gobernasen, convirtiesen e prosperasen temporal y espiritualmente, como hombre que por cincuenta años y más de experiencia, siendo en aquellas tierras presente[9] los he visto cometer; que, constándole a Vuestra Alteza algunas particulares hazañas de ellos, no podría contenerse de suplicar a Su Majestad con instancia importuna que no conceda ni permita las que los tiranos inventaron, prosiguieron y han cometido [que] llaman conquistas, en las cuales, si se permitiesen, han de tornarse a hacer, pues de sí mismas (hechas contra aquellas indianas gentes, pacíficas, humildes y mansas que a nadie ofenden), son inicuas, tiránicas y por toda ley natural, divina y humana, condenadas, detestadas e malditas; deliberé, por no ser reo, callando, de las perdiciones de ánimas e cuerpos infinitas que los tales perpetraran, poner en molde algunas e muy pocas que los días pasados colegí de innumerables, que con verdad podría referir, para que con más facilidad Vuestra Alteza las pueda leer.

Y puesto que el arzobispo de Toledo[10], maestro de Vuestra Alteza, siendo obispo de Cartagena me las pidió e presentó a Vuestra Alteza, pero por los largos caminos de mar y de tierra que Vuestra Alteza ha emprendido, y ocupaciones frecuentes reales que ha tenido, puede haber sido que, o Vuestra Alteza no las leyó o que ya olvidadas las tiene, y el ansia temeraria e irracional de los que tienen por nada indebidamente derramar tan inmensa copia de humana sangre e despoblar de sus naturales moradores y poseedores, matando mil cuentos[11] de gentes, aquellas tierras grandísimas, e robar incomparables tesoros, crece cada hora importunando por diversas vías e varios fingidos colores, que se les concedan o permitan las dichas conquistas (las cuales no se les podrían conceder sin violación de la ley natural e divina, y, por

---

8   *Jacturas* (latín *iactura*): Perjuicios, quiebras.

9   Las Casas llegó a las Indias, y se afincó en la isla Española, en 1502 con le expedición de Nicolás de Ovando. A pesar de sus viajes a España, se puede considerar, globalmente, que fue presente y testigo de muchos acontecimientos que pasaron en las Indias durante medio siglo.

10   Juan Martínez Guijarro o del Guijo, conocido bajo el apodo de Silíceo (1486-1557) fue maestro del príncipe Felipe. Obispo de Cartagena en 1540 y arzobispo de Toledo en 1546.

11   *Cuento* (latín: *contus*) Equivalente a un millón, o sea la cantidad máxima que se puede nombrar.

consiguiente, gravísimos pecados mortales, dignos de terribles y eternos suplicios), tuve por conveniente servir a Vuestra Alteza con este sumario brevísimo, de muy difusa historia, que de los estragos e perdiciones acaecidas se podría y debería componer.[12]

Suplico a Vuestra Alteza lo resciba e lea con la clemencia e real benignidad que suele las obras de sus criados y servidores que puramente, por sólo el bien público e prosperidad del estado real, servir desean. Lo cual visto, y entendida la deformidad [13] de la injusticia que a aquellas gentes inocentes se hace, destruyéndolas y despedazándolas sin haber causa ni razón justa para ello, sino por sola la codicia e ambición de los que hacer tan nefarias obras pretenden, Vuestra Alteza tenga por bien de con eficacia suplicar e persuadir a Su Majestad que deniegue a quien las pidiere tan nocivas y detestables empresas, antes ponga en esta demanda infernal perpetuo silencio, con tanto terror, que ninguno sea osado desde adelante ni aun solamente se las nombrar.

Cosa es esta (muy alto señor) convenientísima e necesaria para que todo el estado de la corona real de Castilla, espiritual y temporalmente, Dios lo prospere e conserve y haga bienaventurado. Amén.

---

12   Esta muy difusa historia, la compuso Bartolomé de Las Casas: véase *La Apologética historia* y la *Historia general de las Indias*.

13   *deformidad*: desproporción.

Brevísima relación de la destruyción de las Indias

Descubriéronse las Indias en el año de mil y cuatrocientos y noventa y dos. Fuéronse a poblar el año siguiente de cristianos españoles[14], por manera que ha cuarenta e nueve años[15] que fueron a ellas cantidad de españoles; e la primera tierra donde entraron para hecho de poblar fué la grande y felicísima isla Española[16], que tiene seiscientas leguas[17] en torno. Hay otras muy grandes e infinitas islas alrededor, por todas las partes della, que todas estaban e las vimos las más pobladas e llenas de naturales gentes, indios dellas, que puede ser tierra poblada en el mundo. La tierra firme, que está de esta isla por lo más cercano docientas e cincuenta leguas, pocas más, tiene de costa de mar más de diez mil leguas descubiertas, e cada día se descubren más, todas llenas como una colmena de gentes en lo que hasta el año de cuarenta e uno se ha descubierto, que parece que puso Dios en aquellas tierras todo el golpe o la mayor cantidad de todo el linaje humano.

---

14   Se trata del segundo viaje de Cristóbal Colón. En septiembre de 1493, zarparon de Cádiz diecisiete navíos, llevando 1.200 colonos, entre los cuales el padre y el tío de Bartolomé.

15   La *Brevísima* fue redactada en 1542.

16   La *Isla Española* (Haití) fue donde se instalaron los primeros colonos.

17   La *legua*: equivalía a un poco más de cinco kilómetros y medio.

Todas estas universas e infinitas gentes *a toto genero*[18] crió Dios los
más simples, sin maldades ni dobleces, obedientísimas y fidelísimas a sus
señores naturales e a los cristianos a quien sirven; más humildes, más pacientes, más pacíficas e quietas, sin rencillas ni bullicios, no rijosos, no que-
rulosos, sin rencores, sin odios, sin desear venganzas, que hay en el
mundo. Son asimismo las gentes más delicadas, flacas y tiernas en com-
plisión6 e que menos pueden sufrir trabajos y que más fácilmente mueren
de cualquiera enfermedad, que ni hijos de príncipes e señores entre nosotros, criados en regalos e delicada vida, no son más delicados que ellos,
aunque sean de los que entre ellos son de linaje de labradores [19].

Son también gentes paupérrimas y que menos poseen ni quieren
poseer de bienes temporales[20]; e por esto no soberbias, no ambiciosas,
no codiciosas. Su comida es tal, que la de los sanctos padres en el des-
ierto no parece haber sido más estrecha ni menos deleitosa ni pobre.
Sus vestidos, comúnmente, son en cueros, cubiertas sus vergüenzas, e
cuando mucho cúbrense con una manta de algodón, que será como
vara y media o dos varas de lienzo en cuadra. Sus camas son encima
de una estera, e cuando mucho, duermen en unas como redes colgadas,
que en lengua de la isla Española llamaban hamacas.

Son eso mesmo de limpios e desocupados e vivos entendimientos,
muy capaces e dóciles para toda buena doctrina; aptísimos para recebir
nuestra sancta fee católica e ser dotados de virtuosas costumbres, e las
que menos impedimientos tienen para esto, que Dios crió en el mundo.
Y son tan importunas desque una vez comienzan a tener noticia de
las cosas de la fee, para saberlas, y en ejercitar los sacramentos de la
Iglesia y el culto divino, que digo verdad que han menester los religiosos, para sufrillos, ser dotados por Dios de don muy señalado de paciencia; e, finalmente, yo he oído decir a muchos seglares españoles de
muchos años acá e muchas veces, no pudiendo negar la bondad que
en ellos veen: «Cierto estas gentes eran las más bienaventuradas del
mundo si solamente conocieran a Dios.»

---

18   A *toto genero*, o sea de todo tipo de razas. También quiere demostrar Las Casas que no
     se trata sólo de una categoría de salvajes o indios, sino de grupos diversificados, lo mismo
     que en Europa. Para el mundo cristiano se planteaba el problema del origen de los Indios
     del Nuevo Mundo, pues no figuraban en la Biblia que entonces era la única referencia
     científica.

19   Las Casas insiste sobre la fragilidad física y la delicadeza de los Indios, lo que constituye
     un argumento en contra de las teorías de Aristóteles en su *Política* (libro II) que define
     los esclavos *a natura* (o sea que han nacido para ser esclavos) como muy robustos y muy
     resistentes.

20   Las Casas presenta el Indio con la inocencia y las virtudes de los primeros cristianos, las
     cuales contrastan con los defectos de los conquistadores, o sea la soberbia, la ambición y
     la codicia.

En estas ovejas mansas, y de las calidades susodichas por su Hacedor y Criador así dotadas, entraron los españoles, desde luego que las conocieron, como lobos e tigres y leones cruelísimos de muchos días hambrientos. Y otra cosa no han hecho de cuarenta años a esta parte [21], hasta hoy, e hoy en este día lo hacen, sino despedazarlas, matarlas, angustiarlas, afligirlas, atormentarlas y destruirlas por las extrañas y nuevas e varias e nunca otras tales vistas ni leídas ni oídas maneras de crueldad, de las cuales algunas pocas abajo se dirán, en tanto grado, que habiendo en la isla Española sobre tres cuentos [22] de ánimas que vimos, no hay hoy de los naturales de ella docientas personas. La isla de Cuba es cuasi tan luenga como desde Valladolid a Roma; está hoy cuasi toda despoblada. La isla de Sant Juan [23] e la de Jamaica, islas muy grandes e muy felices e graciosas, ambas están asoladas. Las islas de los Lucayos, que están comarcanas a la Española y a Cuba por la parte del Norte, que son más de sesenta con las que llamaban de Gigantes e otras islas grandes e chicas, e que la peor dellas es más fértil e graciosa que la huerta del rey [24] de Sevilla, e la más sana tierra del mundo, en las cuales había más de quinientas mil ánimas, no hay hoy una sola criatura. Todas las mataron trayéndolas e por traellas a la isla Española, después que veían que se les acababan los naturales della. Andando en navío tres años a rebuscar por ellas la gente que había, después de haber sido vendimiadas, porque un buen cristiano [25] se movió por

---

21 Alude a la expedición de Nicolás de Ovando en 1502. Entonces fue cuando llegó Las Casas por primera vez a las Indias. Con esta referencia quiere mostrar que su relato tiene valor de testimonio directo.

22 Tres millones.

23 San Juan de Puerto Rico.

24 Se trata de los Jardines de la Buhaira en la parte sur de la ciudad que eran un lugar de paseo y de recreo de la aristocracia sevillana.

25 Las Casas evoca la malevolencia de los colonos que causó la despoblación de las islas de los Lucayos así como la actuación, del buen cristiano que se llamaba Pedro de Isla, en la *Historia de las Indias* (II, XLV) y en el Octavo remedio:

> Hanlos procurado millares de veces, con infinitas maneras, fraudes y cautelas, y falsedades, ante los reyes pasados y ante Vuestra Majestad, de reducir en perpetua servidumbre, enviando sobre ellos infinitas cartas y suplicaciones con muchos y diversos procuradores dellos para que les diesen perpetuos, dellos por sus vidas y de un heredero, dellos, con colores y engaños, fingiendo que era para enseñar y adoctrinar. Y desta manera engañaron al Rey Católico, el cual engaño fue tan eficaz que les dio licencia para llevar los vecinos de las islas de los Lucayos a la isla Española, sacándolos de sus casas y naturales tierras contra todo derecho natural y divino, donde destruyeron y asolaron más de quinientas mil ánimas, tanto que en más de cincuenta islas, algunas mejores que las de Canaria, que estaban llenas como una colmena, no dejaron sino solas unas once personas, de las cuales somos testigos que un hombre que se llamó Pedro de Isla, y agora es fraile de Sant Francisco, movido de piedad hizo un bergantín y envió a rebuscar todas las dichas islas, y estuvieron en escudriñarlas y en rebuscarlas más de dos años, y no hallaron más de las dichas once personas que con nuestros ojos vimos.
>
> Decir a Vuestra Majestad la bondad y sinceridad de aquellas gentes de aquellas islas, que se llaman Lucayos y las crueldades, y matanzas, y estragos que en ellos los sanctos cristianos hicieron, causa le daríamos de rasgársele sus entrañas reales.

(*Entre los remedios*, Razón octava. B.A.E. Tomo CX, p.82).

piedad para los que se hallasen convertirlos e ganarlos a Cristo, no se hallaron sino once personas, las cuales yo vide. Otras más de treinta islas, que están en comarca de la isla de Sant Juan, por la misma causa están despobladas e perdidas. Serán todas estas islas, de tierra, más de dos mil leguas, que todas están despobladas e desiertas de gente.

De la gran tierra firme somos ciertos que nuestros españoles por sus crueldades y nefandas obras han despoblado y asolado y que están hoy desiertas, estando llenas de hombres racionales, más de diez reinos mayores que toda España, aunque entre Aragón y Portugal en ellos, y más tierra que hay de Sevilla a Jerusalén dos veces, que son más de dos mil leguas.

Daremos por cuenta muy cierta y verdadera que son muertas en los dichos cuarenta años por las dichas tiranías e infernales obras de los cristianos, injusta y tiránicamente, más de doce cuentos de ánimas, hombres y mujeres y niños; y en verdad que creo, sin pensar engañarme, que son más de quince cuentos.

Dos maneras generales y principales han tenido los que allá han pasado, que se llaman cristianos, en estirpar y raer de la haz de la tierra a aquellas miserandas naciones. La una, por injustas, crueles, sangrientas y tiránicas guerras. La otra, después que han muerto todos los que podrían anhelar o sospirar o pensar en libertad, o en salir de los tormentos que padecen, como son todos los señores naturales y los hombres varones (porque comúnmente no dejan en las guerras a vida sino los mozos y mujeres), oprimiéndolos con la más dura, horrible y áspera servidumbre en que jamás hombres ni bestias pudieron ser puestas. A estas dos maneras de tiranía infernal se reducen e ser resuelven o subalternan como a géneros todas las otras diversas y varias de asolar aquellas gentes, que son infinitas.

La causa por que han muerto y destruído tantas y tales e tan infinito número de ánimas los cristianos ha sido solamente por tener por su fin último el oro y henchirse de riquezas en muy breves días e subir a estados muy altos e sin proporción de sus personas (conviene a saber): por la insaciable codicia e ambición que han tenido, que ha sido mayor que en el mundo ser pudo, por ser aquellas tierras tan felices e tan ricas, e las gentes tan humildes, tan pacientes y tan fáciles a sujetarlas; a las cuales no han tenido más respecto ni dellas han hecho más cuenta ni estima (hablo con verdad por lo que sé y he visto todo el dicho tiempo), no digo que de bestias (porque pluguiera a Dios que como a bestias las hubieran tractado y estimado), pero como y menos que estiércol de las plazas. Y así han curado de sus vidas y de sus ánimas, e por esto todos los números e cuentos dichos han muerto sin fee, sin sacramentos. Y esta es una muy notoria y averiguada verdad, que todos, aunque sean los tiranos y matadores, la saben e la confiesan: que nunca los indios de todas las Indias hicieron mal alguno a cristianos, antes los tuvieron por venidos del cielo[26], hasta que, primero, muchas veces hubieron recebido ellos o sus vecinos muchos males, robos, muertes, violencias y vejaciones dellos mesmos.

De la Isla Española

En la isla Española, que fué la primera, como dijimos, donde entraron cristianos e comenzaron los grandes estragos e perdiciones destas gentes e que primero destruyeron y despoblaron, comenzando los cristianos a tomar las mujeres e hijos a los indios para servirse e para usar mal dellos e comerles sus comidas que de sus sudores e trabajos salían, no contentándose con lo que los indios les daban de su grado, conforme a la facultad que cada uno tenía (que siempre es poca, porque no suelen tener más de lo que ordinariamente han menester e hacen con poco trabajo e lo que basta para tres casas de a diez personas cada una para un mes, come un cristiano e destruye en un día) e otras muchas fuerzas e violencias e vejaciones que les hacían, comenzaron a entender los indios que aquellos hombres no debían de haber venido del cielo; y algunos escondían sus comidas; otros sus mujeres e hijos; otros huíanse a los montes por apartarse de gente de tan dura y terrible conversación. Los cristianos dábanles de bofetadas e puñadas y de palos, hasta poner las manos en los señores de los pueblos. E llegó esto a tanta temeridad y desvergüenza, que al mayor rey, señor de toda la isla [27], un capitán cristiano le violó por fuerza su propia mujer.

---

26   Escribió Cristóbal Colón en su *Diario*:
     Los unos nos traían agua, otros, otras cosas de comer; otros, cuando veían que yo no curava de ir a tierra, se echavan a la mar nadando y venían y entendíamos que nos preguntavan si éramos venidos del cielo. Y vino uno viejo en el batel dentro, y otros a bozes grandes llamavan todos, hombres y mujeres: Venid a ver los hombres que vinieron del cielo, traedles de comer y de bever.
     (Domingo, 14 de octubre de 1492).

27   Este rey o cacique se llamaba Guacanagarí. Las Casas relata su encuentro con Colón en la *Historia de las Indias*, (I, cap. 57 y siguientes):
     El señor y rey de aquella tierra, que tenía un lugar cerca de allí, le envió una gran canoa llena de

De aquí comenzaron los indios a buscar maneras para echar los cristianos de sus tierras: pusiéronse en armas, que son harto flacas e de poca ofensión e resistencia y menos defensa (por lo cual todas sus guerras son poco más que acá juegos de cañas e aun de niños); los cristianos con sus caballos y espadas e lanzas comienzan a hacer matanzas e crueldades estrañas en ellos [28]. Entraban en los pueblos, ni dejaban niños y viejos, ni mujeres preñadas ni paridas que no desbarrigaban e hacían pedazos, como si dieran en unos corderos metidos en sus apriscos. Hacían apuestas sobre quién de una cuchillada abría el hombre por medio, o le cortaba la cabeza de un piquete o le descubría las entrañas. Tomaban las criaturas de las tetas de las madres, por las piernas, y daban de cabeza con ellas en las peñas. Otros, daban con ellas en ríos por las espaldas, riendo e burlando, e cayendo en el agua decían: bullís, cuerpo de tal; otras criaturas metían a espada con las madres juntamente, e todos cuantos delante de sí hallaban. Hacían unas horcas largas, que juntasen casi los pies a la tierra, e de trece en trece, a honor y reverencia de Nuestro Redemptor e de los doce apóstoles, poniéndoles leña e fuego, los quemaban vivos. Otros, ataban o liaban todo el cuerpo de paja seca pegándoles fuego, así los quemaban. Otros, y todos los que querían tomar a vida, cortábanles ambas manos y dellas llevaban colgando, y decíanles: «Andad con cartas». Conviene a saber, lleva las nuevas a las gentes que estaban huídas por los montes. Comúnmente mataban a los señores y nobles desta manera: que hacían unas parrillas de varas sobre horquetas y atábanlos en ellas y poníanles

---

gente, y en ella una persona principal, criado suyo, a rogar afectuosamente al Almirante que fuese con sus navíos a su tierra y que le daría cuanto tuviese. Este rey era el gran señor y rey Guacanagarí, uno de los cinco reyes grandes y señalados desta isla, el que creemos que señoreaba toda la mayor parte de la tierra que está por la banda del Norte, por donde el Almirante por estos días navegaba. A este rey debió mucho el Almirante, por las buenas obras que le hizo, como luego parecerá

28 En la *Historia de las Indias*, Las Casas evoca con detalles las circunstancias de estas matanzas y subraya, además de la crueldad de los conquistadores, la inferioridad militar de los indios que se encontraban casi indefensos:

Llegados (los españoles) a la provincia de Higuey, que por común nombre llamamos a mucha de aquella tierra (y es la tierra más oriental desta isla y que primero vemos y topamos viniendo de Castilla), hallaron los indios aparejados para pelear y defender su tierra y sus pueblos, si así pudieran como querían. Pero como todas sus guerras eran como juegos de niños, teniendo las barrigas por escudos para recibir las saetas de las ballestas de los españoles y las pelotas de las escopetas, como peleasen desnudos en cueros, no con más armas de sus arcos y flechas sin hierba, y con piedras donde las había, poco sostén podían tener contra los españoles, cuyas armas son hierro, y sus espadas cortan un indio por medio, y las fuerzas y corazones tienen de acero; pues de los caballos no digo, que en una hora de tiempo alancea uno solo dos mil de ellos. Finalmente, hacían cara un rato en los pueblos, y no pudiendo sufrir las ballestas y escopetas y también las espadas cuando se llegaban cerca, deshechos sus escuadroncillos y desjarretados y muertos muchos de ellos, toda su guerra era huir a los montes y por las breñas esconderse.

(*Historia de las Indias, II, VIII*)

por debajo fuego manso, para que poco a poco, dando alaridos en aquellos tormentos, desesperados, se les salían las ánimas.

Una vez vide que, teniendo en las parrillas quemándose cuatro o cinco principales y señores (y aun pienso que había dos o tres pares de parrillas donde quemaban otros), y porque daban muy grandes gritos y daban pena al capitán o le impedían el sueño, mandó que los ahogasen, y el alguacil, que era peor que el verdugo que los quemaba (y sé cómo se llamaba y aun sus parientes conocí en Sevilla), no quiso ahogarlos, antes les metió con sus manos palos en las bocas para que no sonasen y atizoles el fuego hasta que se asaron de despacio como él quería. Yo vide todas las cosas arriba dichas y muchas otras infinitas. Y porque toda la gente que huir podía se encerraba en los montes y subía a las sierras huyendo de hombres tan inhumanos, tan sin piedad y tan feroces bestias, extirpadores y capitales enemigos del linaje humano, enseñaron y amaestraron lebreles, perros bravísimos que en viendo un indio lo hacían pedazos en un credo, y mejor arremetían a él y lo comían que si fuera un puerco. Estos perros hicieron grandes estragos y carnecerías. Y porque algunas veces, raras y pocas, mataban los indios algunos cristianos con justa razón y santa justicia, hicieron ley entre sí, que por un cristiano que los indios matasen, habían los cristianos de matar cien indios.[29]

Los Reinos que había en la Isla Española

Había en esta isla Española cinco reinos muy grandes principales y cinco reyes muy poderosos, a los cuales cuasi obedecían todos los otros señores, que eran sin número, puesto que algunos señores de algunas apartadas provincias no reconocían superior dellos alguno. El un reino se llamaba Maguá, la última sílaba aguda, que quiere decir el reino de la vega. Esta vega es de las más insignes y admirables cosas del

---

29 Comenta Las Casas el origen de la ley que justifica las matanzas para vengarse de cualquier resistencia:

En estos días envió el Almirante a hacer guerra al cacique o rey Guatiguaná porque había mandado matar los diez cristianos, en cuya gente hicieron cruel matanza los cristianos, y él huyó. Tomáronse a vida mucha gente, de la cual envió a vender a Castilla más de quinientos esclavos en los cuatro navíos que trujo Antonio de Torres, y se partió con ellos para Castilla, en 24 de febrero de 1495.

Hobo esta determinación entre los españoles dende adelante, la cual guardaban como ley inviolable, que por cada cristiano que matasen los indios hobiesen los cristianos de matar cien indios; y pluguiera a Dios que no pasaran de mil los que, por uno, desbarrigaban y mataban, y sin que alguno matasen, como después, inhumanamente, yo vide muchas veces.

(*Historia de las Indias, I, CII*)

mundo[30], porque dura ochenta leguas de la mar del Sur a la del Norte. Tiene de ancho cinco leguas y ocho hasta diez y tierras altísimas de una parte y de otra. Entran en ella sobre treinta mil ríos y arroyos, entre los cuales son los doce tan grandes como Ebro y Duero y Guadalquivir; y todos los ríos que vienen de la una sierra que está al Poniente, que son los veinte y veinte y cinco mil, son riquísimos de oro. En la cual sierra o sierras se contiene la provincia de Cibao, donde se dicen las minas de Cibao, donde sale aquel señalado y subido en quilates oro que por acá tiene gran fama. El rey y señor deste reino se llamaba Guarionex; tenía señores tan grandes por vasallos, que juntaba uno dellos dieciséis mil hombre de pelea para servir a Guarionex, e yo conocí a algunos dellos. Este rey Guarionex era muy obediente y virtuoso, y naturalmente pacífico, y devoto a los reyes de Castilla, y dió ciertos años su gente, por su mandado, cada persona que tenía casa, lo hueco de un cascabel lleno de oro, y después, no pudiendo henchirlo, se lo cortaron por medio e dió llena mitad, porque los indios de aquella isla tenían muy poca o ninguna industria de coger o sacar el oro de las minas. Decía y ofrescíase este cacique a servir al rey de Castilla con hacer una labranza que llegase desde la Isabela[31], que fué la primera población de los cristianos, hasta la ciudad de Sancto Domingo, que son grandes cincuenta leguas, porque no le pidiesen oro, porque decía, y con verdad, que no lo sabían coger sus vasallos. La labranza que decía que haría sé yo que la podía hacer y con grande alegría, y que valiera más al rey cada año de tres cuentos de castellanos[32], y aun fuera tal que

---

30 Con entusiasmo y lirismo, Las Casas describió la Gran Vega que está al sur de Santiago:

  Creo cierto que otra vista tan graciosa y deleitable, y que tanto refrigere y bañe de gozo y alegría las entrañas, en todo el orbe no parece que pueda ser oida ni imaginada (....) Y como siempre está esta Vega y toda esta isla como están los campos y árboles en España por el mes de abril y mayo, y la frescura de los continos aires, el sonido de los ríos y arroyos tan rápidos y corrientes, la claridad de las dulcísimas aguas, con la verdura de las yerbas y árboles, y llaneza o llanura tan grande, visto todo junto y especulado tan alto, quién no conocerá ser el alegría, gozo y consuelo y regocijo del que lo viere, inestimable y no comparable?

  Tengo por averiguado que ningún hombre prudente y sabio que hobiese bien visto y considerado la hermosura y alegría y amenidad y postura desta Vega no ternía por vano el viaje desde Castilla hasta acá, del siendo o filósofo curioso o cristiano devoto, solamente para verla, y después de vista y considerada de hobiese de tornar; el filósofo para ver y deleitarse de una hazaña y obra tan señalada en hermosura de la naturaleza, y el cristiano para contemplar el poder y bondad de Dios que en este mundo visible cosa tan digna y hermosa y deleitable crió pra en que viviesen tan poco tiempo de la vida los hombres, y por ella subir en contemplación qué tales serán los aposentos invisibles del cielo que tiene aparejados a los que tuvieren su fe y cumplieren su voluntad, y coger dello motivo para resolvello todo en loores y alabanzas del que lo ha todo criado.

  (*Apologética historia de las Indias, cap. VIII*)

31 Primera fundación en el norte de la isla Española, en el puerto de la Isabela, los españoles hicieron fortalezas y casas de tapia. Fue un establecimiento efímero.

32 El castellano era una moneda de oro equivalente a 485 maravedíes. Fue creada por Enrique IV de Castilla, a mediados del siglo XV. Llevaba la efigie de *Enrique castellano*. También fue una medida de peso: el *peso castellano* o *peso de mina* (4,6 gramos) tenía un valor de 450 maravedíes.

causara esta labranza haber en la isla hoy más de cincuenta ciudades tan grandes como Sevilla.

El pago que dieron a este rey y señor, tan bueno y tan grande, fué deshonrarlo por la mujer, violándosela un capitán mal cristiano[33]: él, que pudiera aguardar tiempo y juntar de su gente para vengarse, acordó de irse y esconderse sola su persona y morir desterrado de su reino y estado a una provincia que se decía de los Ciguayos, donde era un gran señor su vasallo. Desde que lo hallaron menos los cristianos no se les pudo encubrir: van y hacen guerra al señor que lo tenía[34], donde hicieron grandes matanzas, hasta que en fin lo hobieron de hallar y prender, y preso con cadenas y grillos lo metieron en una nao para traerlo a Castilla. La cual se perdió en la mar[35] y con él se ahogaron muchos cristianos y gran cantidad de oro, entre lo cual pereció el grano grande, que era como una hogaza y pesaba tres mil y seiscientos caste-llanos, por hacer Dios venganza de tan grandes injusticias.

El otro reino se decía del Marién, donde agora es el Puerto Real, al cabo de la Vega, hacia el Norte, y más grande que el reino de Portugal, aunque cierto harto más felice y digno de ser poblado, y de muchas y grandes sierras y minas de oro y cobre muy rico, cuyo rey se llamaba Guacanagarí (última aguda), debajo del cual había muchos y muy grandes señores, de los cuales yo vide y conocí muchos, y a la tierra deste fué primero a parar el Almirante viejo[36] que descubrió las Indias; al cual

---

33 Cuenta Las Casas en su *Historia de las Indias* (*Cap. CVIII*) cómo vino Francisco Roldán con sesenta o setenta hombres muy armados, en forma de guerra, al pueblo del gran señor y rey Guarionex (cuya mujer y reina se dijo, y el Almirante lo escribió a los Reyes, este Roldán tomó y usó mal della)....
Es de notar que en la *Brevísima*, Las Casas no nombra los conquistadores responsables de los desmanes y crueldades, los llama tiranos, ladrones o mal cristianos. En la *Historia de las Indias* proporciona todas las precisiones históricas. La *Brevísima* se presenta como un panfleto de denuncia general.

34 Guarionex perseguido, fue amparado por el rey Mayobanex que no quiso entregarlo: Decidles a los cristianos que Guarionex es hombre bueno y virtuoso; nunca hizo mal a nadie, como es público y notorio, y por esto dignísimo es de compasión y de ser en sus necesidades y corrimientos ayudado, socorrido y defendido. Ellos empero, son malos hombres, tiranos, que no vienen sino a usurpar las tierras ajenas, y no saben sino derramar la sangre de los que nunca los ofendieron, y por eso, decidles que ni quiero su amistad, ni vellos, ni oillos, antes, en cuanto yo pudiere, con mi gente, favoreciendo a Guarionex, tengo de trabajar de destruillos y echallos desta tierra. (*Historia de las Indias, Cap. CXX*).

35 Guarionex preso: métenlo en la fortaleza del la Concebición, apartado de Mayobanex, y tiénenlo allí de hierros, ca-denas y grillos y de grandes angustias cargado, el que la mayor y mejor parte de toda esta gran isla señoreaba, sin culpa y sin razón y justicia (....) Y así, en aquel ergástulo y cárcel estrechísima y amarga vida lo tuvieron tres años, hasta que el año de 502 lo enviaron a Castilla en hierros, y fueron causa que en el mar pereciese, muriendo ahogado.(....) Del otro buen rey y piadoso Mayo-banex no advertí en preguntar en qué había parado; creo que murió en la cárcel. Habría dos años que había su prisión y miseria acaecido, cuando yo a esta isla llegué . (*Historia de las Indias, I, CXXI*).

36 Se trata de Cristóbal Colón que tenía el título de *Almirante del Mar Océano*. Llamándole *Al-mirante viejo*, lo distingue de su hijo Diego Colón que también llevaba el título de *Almirante*.

recibió la primera vez el dicho Guacanagarí, cuando descubrió la isla, con tanta humanidad y caridad, y a todos los cristianos que con él iban, y les hizo tan suave y gracioso recibimiento y socorro y aviamiento (perdiéndosele allí aun la nao en que iba el Almirante [37]), que en su misma patria y de sus mismos padres no lo pudiera recibir mejor. Esto sé por relación y palabras del mismo Almirante. Este rey murió huyendo de las matanzas y crueldades de los cristianos, destruído y privado de su estado, por los montes perdido. Todos los otros señores súbditos suyos murieron en la tiranía y servidumbre que abajo será dicha.

El tercero reino y señorío fué la Maguana, tierra también admirable, sanísima y fertilísima, donde agora se hace la mejor azúcar de aquella isla. El rey del se llamó Caonabó. Éste en esfuerzo y estado y gravedad y cerimonias de su servicio, excedió a todos los otros. A éste prendieron con una gran sutileza y maldad, estando seguro en su casa[38]. Metiéronlo después en un navío para traello a Castilla, y estando en el puerto seis navíos para se partir, quiso Dios mostrar ser aquella con las otras grande iniquidad y injusticia y envió aquella noche una tormenta que hundió todos los navíos y ahogó todos los cristianos que en ellos estaban, donde murió el dicho Caonabó cargado de cadenas y grillos. Tenía este señor tres o cuatro hermanos muy varoniles y esforzados como él; vista la prisión tan injusta de su hermano y señor y las destruiciones y matanzas que los cristianos en los otros reinos hacían,

---

37   La Santa María se perdió el 25 de diciembre de 1492:

> Sería a las once de la noche, velando siempre el Almirante, viendo que no andaba nada y que la nao y la mar era como en una escudilla, acordó de echarse a dormir de muy cansado, y que había dos días y una noche que sin dormir estaba desvelado. De que vdo el marinero que gobernaba que el Almirante se acostaba para dormir, dio el gobernario a un mozo grumete y fuese también a dormir, lo que el Almirante siempre prohibió en todo el viaje..
>
> Quiso Nuestro Señor que a las doce horas de la noche, que las corrientes que la mar hacía llevaran la nao sobre un banco, sin que el muchacho que tenía el gobernario lo sintiese, aunque sonaban bien los bajos, que se podía oír de una legua. El mozo sintió el gobernario tocar en el bajo y oyó el sonido de la mar, y dio voces a las cuales levantóse primero el Almirante... Desque vido que las aguas menguaban y la nao estaba ya con la mar de través, no viendo otro remedio, mandó cortar el mástil y alijar de la nao todo cuanto pudieron, para la alivianar y ver si podían sacarla. Pero como las aguas menguaban de golpe, cada rato quedaba la nao más en seco, y así no la pudieron remediar, la cual tomó lado hacia la mar traviesa...
>
> (*Historia de las Indias, I, LIX*)

38   Las Casas proporciona detalles acerca del cautiverio de Caonabo, cómo lo prendió Alonso de Hojeda, y la decisión de Colón de organizar una entrada para conseguir más esclavos:

> Determinó el Almirante llevarlo (Caonabo) a Castilla y con él otros muchos para esclavos que hinchiesen los navíos, por lo cual envió ochenta cristianos hacia Cibao y otras provincias, que tomasen por fuerza los que pudiesen, y hallo en mis memoriales que trujeron seiscientos indios, y la noche que llegó a la Isabela esta cabalgada, teniendo ya embarcado el rey Caonabo en un navío de los que estaba para partir en la Isabela, para mostrar Dios la justicia de su prisión y de todos aquellos inocentes, hizo una tan deshecha tormenta, que todos los navíos que allí estaban con toda la gente que había en ellos (salvo los españoles que pudieron escaparse), y el rey Caonabo cargado de hierros, se ahogaron y hobieron de perecer; no supe si habían embarcado esta noche los seiscientos indios.
>
> (*Historia de las Indias, I, CII*).

especialmente desde que supieron que el rey su hermano era muerto, pusiéronse en armas para ir a cometer y vengarse de los cristianos; van los cristianos a ellos con ciertos de caballo (que es la más perniciosa arma que puede ser para entre indios) y hacen tanto estragos y matanzas que asolaron y despoblaron la mitad de todo aquel reino.

El cuarto reino es el que se llamó de Xaraguá; éste era como el meollo o médula o como la corte de toda aquella isla; excedía a la lengua y habla ser más polida; en la policía y crianza más ordenada y compuesta; en la muchedumbre de la nobleza y generosidad, porque había muchos y en gran cantidad señores y nobles; y en la lindeza y hermosura de toda la gente, a todos los otros. El rey y señor dél se llamaba Behechio; tenía una hermana que se llamaba Anacaona. Estos dos hermanos hicieron grandes servicios a los reyes de Castilla e inmensos beneficios a los cristianos, librándolos de muchos peligros de muerte, y después de muerto el rey Behechio quedó en el reino por señora Anacaona. Aquí llegó una vez el gobernador que gobernaba esta isla[39] con sesenta de caballo y más trecientos peones, que los de caballos solos bastaban para asolar a toda la isla y la tierra firme, y llegáronse más de trecientos señores a su llamado seguros, de los cuales hizo meter dentro de una casa de paja muy grande los más señores por engaño, e metidos les mandó poner fuego y los quemaron vivos. A todos los otros alancearon e metieron a espada con infinita gente, e a la señora Anacaona, por hacerle honra, ahorcaron. Y acaescía algunos cristianos, o por piedad o por codicia, tomar algunos niños para ampararlos no los matasen, e poníanlos a las ancas de los caballos: venía otro español por detrás e pasábalo con su lanza. Otrosí, estaba el niño en el suelo, le cortaban las piernas con el espada. Alguna gente que pudo huir desta tan inhumana crueldad, pasáronse a una isla pequeña que está cerca de allí ocho leguas en la mar[40], y el dicho gobernador condenó a todos estos que allí se pasaron que fuesen esclavos, porque huyeron de la carnicería[41].

El quinto reino se llamaba Higüey e señoreábalo una reina vieja

39   Nicolás de Ovando.
40   La isla de Guanabo.
41   Estas obras se hicieron por mandado del comendador mayor de Alcántara, don fray Nicolás de Ovando, para pagar a aquellas gentes, señores y súbditos de la provincia de Xaraguá, el buen recibimiento y servicio que le habían hecho y en recompensa de los infinitos agravios y daños que habían recibido de Francisco Roldán y de los otros sus aliados. La causa que publicó y publicaron fue porque diz que se querían alzar y los querían matar, teniendo setenta de caballo, los cuales, con verdad hablo, bastaban para asolar cien islas como esta y toda la tierra firme. Cuanto más estando esta triste gente desarmada, en cueros, descuidada y sin pensamiento de mal.(....) Díjose en esta isla que la Reina doña Isabel, antes que muriese, había sabido deste hecho tan notable y que lo había sentido mucho y abominádolo.

(*Historia de las Indias, II, IX*)

que se llamó Higuanamá[42]. A ésta ahorcaron; e fueron infinitas las gentes que yo vide quemar vivas y despedazar e atormentar por diversas y nuevas maneras de muertes e tormentos y hacer esclavos todos los que a vida tomaron. Y porque son tantas las particularidades que en estas matanzas e perdiciones de aquellas gentes ha habido, que en mucha escritura no podrían caber (porque en verdad que creo que por mucho que dijese no pueda explicar de mil partes una), sólo quiero en lo de las guerras susodichas concluir con decir e afirmar que en Dios y en mi conciencia que tengo por cierto que para hacer todas las injusticias y maldades dichas e las otras que dejo e podría decir, no dieron más causa los indios ni tuvieron más culpa que podrían dar o tener un convento de buenos e concertados religiosos para robarlos e matarlos y los que de la muerte quedasen vivos, ponerlos en perpetuo cautiverio e servidumbre de esclavos. Y más afirmo, que hasta que todas las muchedumbres de gentes de aquella isla fueron muertas e asoladas, que pueda yo creer y conjeturar, no cometieron contra los cristianos un solo pecado mortal que fuese punible por hombres; y los que solamente son reservados a Dios, como son los deseos de venganza, odio y rancor que podían tener aquellas gentes contra tan capitales enemigos como les fueron los cristianos, éstos creo que cayeron en muy pocas personas de los indios, y eran poco más impetuosos e rigurosos, por la mucha experiencia que dellos tengo, que de niños o muchachos de diez o doce años. Y sé por cierta e infalible sciencia que los indios tuvieron siempre justísima guerra contra los cristianos, e los cristianos una ni ninguna nunca tuvieron justa contra los indios, antes fueron todas diabólicas e injustísimas e mucho más que de ningún tirano se puede decir del mundo; e lo mismo afirmo de cuantas han hecho en todas las Indias.

Después de acabadas las guerras e muertes en ellas, todos los hombres, quedando comúnmente los mancebos y mujeres y niños, repartiéronlos entre sí, dando a uno treinta, a otro cuarenta, a otro ciento y docientos (según la gracia que cada uno alcanzaba con el tirano mayor, que decían gobernador). Y así repartidos a cada cristiano dábanselos con esta color: que los enseñase en las cosas de la fe católica, siendo comúnmente todos ellos idiotas y hombres crueles, avarísimos e viciosos, haciéndoles curas de ánimas. Y la cura o cuidado que dellos

---

42   Véase nota 28 acerca de las matanzas perpetradas en la provincia de Higuey. La reina Higuanamá acabó su vida como Anacaona:

> Probaban en muchos las espadas, quién tenía mejor espada o mejor brazo, y cortaba el hombre por medio o le quitaba la cabeza de los hombros de un piquete, y sobre ello haían apuestas. A los señores que prendían no escapaban del fuego. Creo que a la gran señora vieja, que arriba dijimos llamarse Higuanamá, presa, la ahorcaron, si bien me acuerdo.

(Historia de las Indias, II, VIII)

tuvieron fué enviar los hombres a las minas a sacar oro, que es trabajo intolerable, e las mujeres ponían en las estancias, que son granjas, a cavar las labranzas y cultivar la tierra, trabajo para hombres muy fuertes y recios. No daban a los unos ni a las otras de comer sino yerbas y cosas que no tenían sustancia; secábaseles la leche de las tetas a las mujeres paridas, e así murieron en breve todas las criaturas. Y por estar los maridos apartados, que nunca vían a las mujeres, cesó entre ellos la generación; murieron ellos en las minas, de trabajos y hambre, y ellas en las estancias o granjas, de lo mesmo, e así se acabaron tanta e tales multitudes de gentes de aquella isla; e así se pudiera haber acabado todas las del mundo. Decir las cargas que les echaban de tres y cuatro arrobas, e los llevaban ciento y doscientas leguas (y los mismos cristianos se hacían llevar en hamacas, que son como redes, acuestas de los indios), porque siempre usaron dellos como de bestias para cargar. Tenían mataduras en los hombros y espaldas, de las cargas, como muy matadas bestias; decir asimismo los azotes, palos, bofetadas, puñadas, maldiciones e otros mil géneros de tormentos que en los trabajos les daban, en verdad que en mucho tiempo ni papel no se pudiese decir e que fuese para espantar los hombres.

Y es de notar que la perdición destas islas y tierras se comenzaron a perder y destruir desde que allá se supo la muerte de la serenísima reina doña Isabel, que fué el año de mil e quinientos e cuatro, porque hasta entonces sólo en esta isla se habían destruído algunas provincias por guerras injustas, pero no de todo, y éstas por la mayor parte y cuasi todas se le encubrieron a la Reina. Porque la Reina, que haya santa gloria, tenía grandísimo cuidado e admirable celo a la salvación y prosperidad de aquellas gentes, como sabemos los que lo vimos y palpamos con nuestros ojos e manos los ejemplos desto[43].

Débese de notar otra regla en esto: que en todas las partes de las Indias donde han ido y pasado cristianos, siempre hicieron en los indios

---

[43] Bartolomé de Las Casas subraya a menudo la posición cristiana de la reina Isabel, que nombra la sancta Reina, citando su testamento o la carta dirigida al comendador:

.. Deseaba que los indios se convirtiesen en nuestra sancta fe católica y fuesen doctrinados en las cosas della, y que porque aquesto se podría mejor hacer comunicando los indios con los españoles y tractando con ellos y ayudando los unos a los otros, para que la isla se labrase y se poblase y augmentasen los fructos della y se cogiese el oro para que los reinos de Castilla y los vecinos dellos fuesen aprovechados.... mandaba al comendador mayor, su gobernador, que hiciese pagar a cada uno, el día que trabajase, el jornal y mantenimiento que, según la calidad de la tierra e de la persona y del oficio, les parecía que debía haber (.....) Lo cual hiciesen y cumpliesen como personas libres, como lo eran, e no como siervos. Y que hiciese que fuesen bien tractados, e los que de ellos fuesen cristianos mejor que los otros, y que no consintiese ni diese lugar que que ninguna persona les hiciese mal ni daño, ni otro desaguisado alguno.... Todas estas palabras son formales de la reina doña Isabel, de felice memoria, en su carta patente.

(*Historia de las Indias, II, XII*).

todas las crueldades susodichas, e matanzas, e tiranías, e opresiones abominables en aquellas inocentes gentes; e añadían muchas más e mayores y más nuevas maneras de tormentos, e más crueles siempre fueron porque los dejaba Dios más de golpe caer y derrocarse en reprobado juicio o sentimiento.

De las dos Islas de Sant Juan y Jamaica

Pasaron a la isla de Sant Juan y a la de Jamaica (que eran unas huertas y unas colmenas) el año de mil e quinientos y nueve los españoles [44], con el fin e propósito que fueron a la Española. Los cuales hicieron e cometieron los grandes insultos e pecados susodichos, y añadieron muchas señaladas e grandísimas crueldades más, matando y quemando y asando y echando a perros bravos [45], e después oprimiendo y atormentando y vejando en las minas y en los otros trabajos, hasta consumir y acabar todos aquellos infelices inocentes: que había en las dichas dos islas más de seiscientas mil ánimas, y creo que más de un cuento, e no hay hoy en cada una doscientas personas, todas perecidas sin fe e sin sacramentos.

De la Isla de Cuba

El año de mil e quinientos y once pasaron a la isla de Cuba [46], que es como dije tan luenga como de Valladolid a Roma (donde había grandes provincias de gentes), comenzaron y acabaron de las maneras susodichas e mucho más y más cruelmente. Aquí acaescieron cosas muy señaladas. Un cacique e señor muy principal, que por nombre tenia Hatuey, que se había pasado de la isla Española a Cuba con

---

44   Expediciones de Juan Ponce de León a la isla de Boriquén o de Puerto Rico (1507-1508) y la de Juan de Esquivel a Jamaica (1509).

45   Quien principalmente hizo la guerra y ayudó más que otros, fue un perro que llamaban Becerrillo, que hacía entre los indios estragos admirables y cognocía los indios de guerra y los que no lo eran como si fuera una persona y a éste tuvieron los que asolaron aquella isla por ángel de Dios. Y cosas se dicen que hacía maravillosas, por lo cual temblaban los indios del que fuese con diez españoles, más que si fuesen ciento y no lo llevasen.
      (*Historia de las Indias, II, LV*).

46   Expedición de Diego Velázquez:
      Partió pues, Diego Velazquez con sus trescientos hombres de la villa de la Zabana, desta isla Española, en fin a lo que creo, del año de mil y quinientos y once, y creo que fue, si no me he olvidado, a desembarcar a un puerto llamado de Palmas, que era en la tierra, o cerca de ella, donde reinaba el señor que dije había huido de esta isla y llamarse Hatuey.
      (*Historia de las Indias, III, XXV*)

mucha gente por huir de las calamidades e inhumanas obras de los cristianos, y estando en aquella isla de Cuba, e dándole nuevas ciertos indios, que pasaban a ella los cristianos, ayuntó mucha de toda su gente e díjoles: «Ya sabéis cómo se dice que los cristianos pasan acá, e tenéis experiencia cuáles han parado a los señores fulano y fulano y fulano; y aquellas gentes de Haití (que es la Española) lo mesmo vienen a hacer acá. ¿Sabéis quizá por qué lo hacen?» Dijeron: «No; sino porque son de su natura crueles e malos». Dice él: «No lo hacen por sólo eso, sino porque tienen un dios a quien ellos adoran e quieren mucho y por haberlo de nosotros para lo adorar, nos trabajan de sojuzgar e nos matan». Tenía cabe sí una cestilla llena de oro en joyas y dijo: «Veis aquí el dios de los cristianos; hagámosle si os parece areítos (que son bailes y danzas) e quizá le agradaremos y les mandará que no nos hagan mal». Dijeron todos a voces: «¡Bien es, bien es!» Bailáronle delante hasta que todos se cansaron. Y después dice el señor Hatuey: «Mira, como quiera que sea, si lo guardamos, para sacárnoslo, al fin nos han de matar; echémoslo en este río». Todos votaron que así se hiciese, e así lo echaron en un río grande que allí estaba.

Este cacique y señor anduvo siempre huyendo de los cristianos desque llegaron a aquella isla de Cuba, como quien los conoscía, e defendíase cuando los topaba, y al fin lo prendieron. Y sólo porque huía de gente tan inicua e cruel y se defendía de quien lo quería matar e oprimir hasta la muerte a sí e toda su gente y generación, lo hubieron vivo de quemar. Atado a un palo decíale un religioso de San Francisco, sancto varón que allí estaba, algunas cosas de Dios y de nuestra fee, (el cual nunca las había jamás oído), lo que podía bastar aquel poquillo tiempo que los verdugos le daban, y que si quería creer aquello que le decía iría al cielo, donde había gloria y eterno descanso, e si no, que había de ir al infierno a padecer perpetuos tormentos y penas. Él, pensando un poco, preguntó al religioso si iban cristianos al cielo. El religioso le respondió que sí, pero que iban los que eran buenos. Dijo luego el cacique, sin más pensar, que no quería él ir allá, sino al infierno, por no estar donde estuviesen y por no ver tan cruel gente. Esta es la fama y honra que Dios e nuestra fee ha ganado con los cristianos que han ido a las Indias.

Una vez, saliéndonos a recebir con mantenimientos y regalos diez leguas de un gran pueblo, y llegados allá, nos dieron gran cantidad de pescado y pan y comida con todo lo que más pudieron; súbitamente se les revistió el diablo a los cristianos e meten a cuchillo en mi presencia (sin motivo ni causa que tuviesen) más de tres mil ánimas que estaban sentados delante de nosotros, hombres y mujeres e niños. Allí vide tan grandes crueldades que nunca los vivos tal vieron ni pensaron ver.[47]

Otra vez, desde a pocos días, envié yo mensajeros, asegurando que no temiesen, a todos los señores de la provincia de la Habana, porque tenían por oídas de mi crédito, que no se ausentasen, sino que nos saliesen a recibir, que no se les haría mal ninguno (porque de las matanzas pasadas estaba toda la tierra asombrada), y esto hice con parecer del capitán[48]; e llegados a la provincia saliéronnos a recebir veinte e un señores y caciques, e luego los prendió el capitán, quebrantando el seguro que yo les había dado, e los quería quemar vivos otro día diciendo que era bien, porque aquellos señores algún tiempo habían de hacer algún mal. Vídeme en muy gran trabajo quitarlos de la hoguera, pero al fin se escaparon.

Después de que todos los indios de la tierra desta isla fueron puestos en la servidumbre e calamidad de los de la Española, viéndose morir y perecer sin remedio, todos comenzaron a huir a los montes; otros, a ahorcarse de desesperados, y ahorcábanse maridos e mujeres, e consigo ahorcaban los hijos; y por las crueldades de un español muy tirano (que yo conocí) se ahorcaron más de doscientos indios. Pereció desta manera infinita gente.[49]

---

47   Se trata de la matanza de la que fue testigo Las Casas, en Caonao, pueblo de Cuba que los españoles dejaron bañado en sangre humana: Y es también verdad, que si sobre dos mil indios, que allí pareció que había, hobiera otros diez mil, sólo Narváez con su yegua a todos los matara.... La causa no fue otra sino su costumbre, que siempre tuvieron en esta isla Española y pasaron a la de Cuba para ejercitarla, de no se hallar sin derramar sangre humana, porque sin duda eran regidos y guiados siempre por el diablo. (*Historia de las Indias, III, XXX*).

48   Pánfilo de Narváez.

49   También alude a los suicidios colectivos Francisco López de Gómara en su *Historia general de las Indias* (1554). Proporciona más detalles Las Casas en la *Historia de las Indias* :

Viéndose los infelices, aunque inocentes, que por ninguna parte podían remediar ni obviar a su perdición, ni de la muerte y muertes dobladas tan ciertas y horrendas escaparse, acordaron de ahorrar al menos de la una, que por ser tan luenga, tenían por más intolerable, y ésta era la vida, que muriendo vivían, amarga, por salir de la cual comenzáronse de ahorcar; y acaecía ahorcarse toda junta una casa, padres e hijos, viejos y mozos, chicos y grandes, y unos pueblos convidaban a otros que se ahorcasen, porque saliesen de tan diuturno tormento y calamidad. Creían que iban a vivir a otra parte donde tenían todo el descanso y de todas las cosas que habían menester, abundancia y felicidad; y así sentían y confesaban la inmortalidad del ánima; y esta opinión por todas las Indias la habemos hallado, lo que muchos ciegos filósofos negaron. De un español que yo conocí bien cognocido, se dijo que por su crueldad se habían en esta isla Española muerto con el agua o zumo de la yuca, cantidad de indios, y después pasado a la de Cuba, por salir de su infernal servidumbre, se habían ahorcados muchos más. También por una mujer española, según era cruel,

Oficial del rey hobo en esta isla que le dieron de repartimiento trescientos indios e a cabo de tres meses había muerto en los trabajos de
las minas los docientos e setenta, que no le quedaron de todos sino
treinta, que fue el diezmo. Después le dieron otros tantos y más, e
también los mató, e dábanle más y más mataba, hasta que se murió y
el diablo le llevó el alma.

En tres o cuatro meses, estando yo presente, murieron de hambre,
por llevarles los padres y las madres a las minas, más de siete mil
niños[50]. Otras cosas vide espantables.

Después acordaron de ir a montear los indios que estaban por los
montes, donde hicieron estragos admirables, e así asolaron e despoblaron toda aquella isla, la cual vimos agora poco ha y es una gran
lástima e compasión verla yermada y hecha toda una soledad.

De la Tierra Firme

El año de mil e quinientos e catorce pasó a la tierra firme un infelice gobernador[51], crudelísimo tirano, sin alguna piedad ni aun prudencia, como un instrumento del furor divino, muy de propósito para
poblar en aquella tierra con mucha gente de españoles. Y aunque algunos tiranos[52] habían ido a la tierra firme e habían robado y matado
y escandalizado mucha gente, pero había sido a la costa de la mar, sal-
teando y robando lo que podían; mas éste excedió a todos los otros que
antes dél habían ido, y a los de todas las islas, e sus hechos nefarios a

---

se ahorcaron allí muchos indios, aunque, si no me he olvidado, antes que una manada dellos se
ahorcasen, la mataron.

Era tanta la gente que tomaba sabor en ahorcarse por salir de aquellos trabajos, que ya los españoles se hallaban burlados y de sus crueldades les iba pesando, porque no les quedaba ya qué en
las minas y en las otras invenciones de adquirir oro ellos matasen .

(Historia de las Indias, III, LXXXII).

50   Relata Las Casas los efectos del hambre que padecían los indios y de lo que fue testigo:

Como llevaban a los hombres y mujeres sanos a las minas y a los otros trabajos, y quedaban en
los pueblos sólo los viejos y enfermos, sin que persona los socorriese y remediase, allí perecían todos
de angustia y enfermedad sobre la rabiosa hambre.

Yo vide algunas veces, andando camino en aquellos días por aquella isla, entrando en los pueblos,
dar voces los que estaban en las casas; y entrar a vellos, preguntando qué habían, respondían:
Hambre, hambre. Y porque no dejaban hombre ni mujer que se pudiese tener sobre sus piernas
que no llevasen a los trabajos, a las mujeres paridas que tenían sus hijos y hijas chiquitas, sacán-
doseles las tetas con la poca comida y con el trabajo, no teniendo con qué criallas, se les morían;
por esta causa se murieron en obra de tres meses siete mil niños y niñas; y así se escribió al Rey
Católico por persona de crédito que lo había inquirido.

(Historia de las Indias, III, LXXIII).

51   Pedrarias Dávila.

52   Tales tiranos eran Alonso de Hojeda, Juan de la Cosa, Diego de Nicuesa y Vasco Núñez
de Balboa.

todas las abominaciones pasadas, no sólo a la costa de la mar, pero grandes tierras y reinos despobló y mató, echando inmensas gentes que en ellos había a los infiernos. Éste despobló desde muchas leguas arriba del Darién hasta el reino e provincias de Nicaragua, inclusive, que son más de quinientas leguas y la mejor y más felice e poblada tierra que se cree haber en el mundo. Donde había muy muchos grandes señores, infinitas y grandes poblaciones, grandísimas riquezas de oro; porque hasta aquel tiempo en ninguna parte había perecido sobre tierra tanto; porque aunque de la isla Española se había henchido casi España de oro, e de más fino oro, pero había sido sacado con los indios de las entrañas de la tierra, de las minas dichas, donde, como se dijo, murieron.

Este gobernador y su gente inventó nuevas maneras de crueldades y de dar tormentos a los indios, porque descubriesen y les diesen oro. Capitán hubo suyo [53] que en una entrada que hizo por mandado dél para robar y extirpar gentes, mató sobre cuarenta mil ánimas, que vido por sus ojos un religioso de Sanct Francisco, que con él iba, que se llamaba fray Francisco de San Román, metiéndolos a espada, quemándolos vivos, y echándolos a perros bravos, y atormentándolos con diversos tormentos.

Y porque la ceguedad perniciosísima que siempre han tenido hasta hoy los que han regido las Indias en disponer y ordenar la conversión y salvación de aquellas gentes, la cual siempre han pospuesto (con verdad se dice esto) en la obra y efecto, puesto que por palabra hayan mostrado y colorado o disimulado otra cosa, ha llegado a tanta profundidad que haya imaginado e practicado e mandado que se le hagan a los indios requerimientos que vengan a la fee, a dar la obediencia a los reyes de Castilla, si no, que les harán guerra a fuego y a sangre, e los matarán y captivarán, etc. Como si el hijo de Dios, que murió por cada uno dellos, hobiera en su ley mandado cuando dijo: *Euntes docete omnes gentes* [54], que se hiciesen requerimientos [55] a los infieles pacíficos e quietos e que tienen sus tierras propias, e si no la recibiesen luego, sin otra predicación y doctrina, e si no se diesen a sí mesmos al señorío del rey que nunca oyeron ni vieron, especialmente cuya gente y mensajeros son tan crueles, tan desapiadados e tan horribles tiranos, perdiesen por el mesmo caso la hacienda y las tierras, la libertad, las mujeres y hijos

---

53 Se trata probablemente de Juan de Ayora, aunque Las Casas se contenta con subrayar su codicia: Este infelice tirano era natural de Córdoba, hijodalgo y persona estimada, por aquel tiempo, y sus obras lo claman, de insaciable codicia. (*Historia de las Indias, III, LXII*)
54 Id y enseñad a todas las naciones. (*Matías, 28, 19*)
55 A propósito del requerimiento, véase la nota 9 de la Introducción y el Apéndice p.87.

con todas sus vidas, que es cosa absurda y estulta e digna de todo vitu-perio y escarnio e infierno.

Así que, como llevase aquel triste y malaventurado gobernador instrucción que hiciese los dichos requerimientos, para más justifi-carlos, siendo ellos de sí mesmos absurdos, irracionables e injustísimos, mandaba, o los ladrones que enviaba lo hacían cuando acordaban de ir a saltear e robar algún pueblo de que tenían noticia tener oro, estando los indios en sus pueblos e casas seguros, íbanse de noche los tristes es-pañoles salteadores hasta media legua del pueblo, e allí aquella noche entre sí mesmos apregonaban o leían el dicho requerimiento, deciendo: «Caciques e indios desta tierra firme de tal pueblo, hacemos os saber que hay un Dios y un Papa y un rey de Castilla que es señor de estas tierras; venid luego a le dar la obediencia, etc. Y si no, sabed que os haremos guerra, e mataremos e captivaremos, etc.» Y al cuarto del alba, estando los inocentes durmiendo con sus mujeres e hijos, daban en el pueblo, poniendo fuego a las casas, que comúnmente eran de paja, e quemaban vivos los niños e mujeres y muchos de los demás, antes que acordasen; mataban los que querían, e los que tomaban a vida mataban a tormentos porque dijesen de otros pueblos de oro, o de más oro de lo que allí hallaban, e los que restaban herrábanlos por esclavos; iban después, acabado o apagado el fuego, a buscar el oro que había en las casas. Desta manera y en estas obras se ocupó aquel hombre perdido, con todos los malos cristianos que llevó, desde el año de catorce hasta el año de veinte y uno o veinte y dos, enviando en aquellas entradas cinco e seis y más criados, por los cuales le daban tantas partes (allende de la que le cabía por capitán general) de todo el oro y perlas e joyas que robaban e de los esclavos que hacían. Lo mesmo hacían los oficiales del rey, enviando cada uno los más mozos o criados que podía, y el obispo primero de aquel reino[56] enviaba también sus criados, por tener su parte en aquella granjería. Más oro robaron en aquel tiempo que aquel reino (a lo que yo puedo juzgar), de un millón de castellanos, y creo que me acorto, e no se hallará que enviaron al rey sino tres mil cas-tellanos de todo aquello robado; y más gentes destruyeron de ocho-cientas mil ánimas. Los otros tiranos gobernadores que allí sucedieron hasta el año de treinta y tres, mataron e consintieron matar, con la ti-ránica servidumbre que a las guerras sucedió los que restaban.

---

56   El franciscano Juan Cabedo (o Quevedo), primer obispo de Darién-Panamá:
        Suplicó el papa León décimo, que en aquel tiempo en la Silla apostólica presidía, que criase obispo
        a un religioso de Sant Francisco, solene y afamado predicador del Rey, llamado fray Juan Cabedo,
        y así fue consagrado obispo de la iglesia de Sancta María la Antigua del Darién; y ésta fue la
        primera iglesia Catedral de la tierra firme, y él el primer obispo.
    (*Historia de las Indias*, III, LIX).

Entre infinitas maldades que éste hizo e consintió hacer el tiempo que gobernó fué que, dándole un cacique o señor, de su voluntad o por miedo (como más es verdad), nueve mil castellanos, no contentos con esto prendieron al dicho señor e átanlo a un palo sentado en el suelo, y extendidos los pies pónenle fuego a ellos porque diese más oro, y él envió a su casa e trajeron otros tres mil castellanos; tórnanle a dar tormentos, y él, no dando más oro porque no lo tenía, o porque no lo quería dar, tuviéronle de aquella manera hasta que los tuétanos le saltaron por las plantas e así murió. Y destos fueron infinitas veces las que a señores mataron y atormentaron por sacarles oro.

Otra vez, yendo a saltear cierta capitanía de españoles, llegaron a un monte donde estaba recogida y escondida, por huir de tan pestilenciales e horribles obras de los cristianos, mucha gente, y dando de súbito sobre ella tomaron setenta o ochenta doncellas e mujeres, muertos muchos que pudieron matar. Otro día juntáronse muchos indios e iban tras los cristianos peleando por el ansia de sus mujeres e hijas; e viéndose los cristianos apretados, no quisieron soltar la cabalgada, sino meten las espadas por las barrigas de las muchachas e mujeres y no dejaron, de todas ochenta, una viva. Los indios, que se les rasgaban las entrañas del dolor, daban gritos y decían: «¡Oh, malos hombres, crueles cristianos!, ¿a las iras matáis?» Ira llaman en aquella tierra a las mujeres, cuasi diciendo: matar las mujeres señal es de abominables e crueles hombres bestiales.

A diez o quince leguas de Panamá estaba un gran señor que se llamaba Paris[57], e muy rico en oro; fueron allá los cristianos e rescibiólos como si fueran hermanos suyos e presentó al capitán cincuenta mil castellanos de su voluntad. El capitán y los cristianos parescióles que quien daba aquella cantidad de su gracia que debía tener mucho tesoro (que era el fin e consuelo de sus trabajos); disimularon e dicen que quieren partir; e tornan al cuarto de alba e dan sobre seguro en el pueblo, quémanlo con fuego que pusieron, mataron y quemaron mucha gente, e robaron cincuenta o sesenta mil castellanos otros; y el cacique o señor escapóse, que no le mataron o prendieron. Juntó presto la más gente que pudo e a cabo de dos o tres días alcanzó los cristianos que llevaban sus ciento y treinta o cuarenta mil castellanos, e da en ellos varonilmente, e mata cincuenta cristianos, e tómales todo el oro, escapándose

---

[57]   Se partió Gonzalo de Badajoz y sus satellites al señorio y tierra llamada Pariza o Pariba que después los españoles llamaron Paris, cuyo cacique, rey y señor de llamaba Cutara (*Historia de las Indias, III, LXX*).

los otros huyendo e bien heridos. Después tornan muchos cristianos sobre el dicho cacique y asoláronlo a él y a infinita de su gente, e los demás pusieron e mataron en la ordinaria servidumbre. Por manera que no hay hoy vestigio ni señal de que haya habido allí pueblo ni hombre nacido, teniendo treinta leguas llenas de gente de señorío. Destas no tienen cuento las matanzas y perdiciones que aquel mísero hombre con su compañía en aquellos reinos (que despobló) hizo.

De la Provincia de Nicaragua

El año de mil e quinientos y veinte y dos o veinte y tres pasó este tirano a sojuzgar la felicísima provincia de Nicaragua, el cual entró en ella en triste hora. Desta provincia ¿quién podrá encarecer la felicidad, sanidad, amenidad y prosperidad e frecuencia y población de gente suya? Era cosa verdaderamente de admiración ver cuán poblada de pueblos, que cuasi duraban tres y cuatro leguas en luengo, llenos de admirables frutales que causaba ser inmensa la gente. A estas gentes (porque era la tierra llana y rasa, que no podían esconderse en los montes, y deleitosa, que con mucha angustia e dificultad, osaban dejarla, por lo cual sufrían e sufrieron grandes persecuciones, y cuanto les era posible toleraban las tiranías y servidumbre de los cristianos, e porque de su natura era gente muy mansa e pacífica) hízoles aquel tirano, con sus tiranos compañeros que fueron con él (todos los que a todo el otro reino le habían ayudado a destruir), tantos daños, tantas matanzas, tantas crueldades, tantos captiverios e sinjusticias, que no podría lengua humana decirlo. Enviaba cincuenta de caballo e hacía alancear toda una provincia mayor que el condado de Rusellón, que no dejaba hombre, ni mujer, ni viejo, ni niño a vida, por muy liviana cosa: así como porque no venían tan presto a su llamada o no le traían tantas cargas de maíz, que es el trigo de allá, o tantos indios para que sirviesen a él o a otro de los de su compañía; porque como era la tierra llana no podía huir de los caballos ninguno, ni de su ira infernal.

Enviaba españoles a hacer entradas, que es ir a saltear indios a otras provincias, e dejaba llevar a los salteadores cuantos indios querían de los pueblos pacíficos e que les servían. Los cuales echaban en cadenas porque no les dejasen las cargas de tres arrobas que les echaban a cuestas. Y acaesció vez, de muchas que esto hizo, que de cuatro mil indios no volvieron seis vivos a sus casas, que todos los dejaban muertos por los caminos. E cuando algunos cansaban y se despeaban de las grandes cargas y enfermaban de hambre e trabajo y flaqueza, por no desensartarlos de las cadenas les cortaban por la collera la cabeza e caía la cabeza a un cabo y el cuerpo a otro. Véase qué sentirían los otros. E así, cuando se ordenaban semejantes romerías, como tenían experiencia los indios de que ninguno volvía, cuando salían iban llorando e suspirando los indios y diciendo: «Aquellos son los caminos por donde íbamos a servir a los cristianos y, aunque trabajábamos mucho, en fin volvíamonos a cabo de algún tiempo a nuestras casas e a nuestras mujeres e hijos; pero agora vamos sin esperanza de nunca jamás volver ni verlos ni de tener más vida».

Una vez, porque quiso hacer nuevo repartimiento de los indios, porque se le antojó (e aun dicen que por quitar los indios a quien no quería bien e dallos a quien le parescía) fue causa que los indios no sembrasen una sementera, e como no hubo para los cristianos, tomaron a los indios cuanto maíz tenían para mantener a sí e a sus hijos, por lo cual murieron de hambre más de veinte o treinta mil ánimas e acaesció mujer matar su hijo para comerlo de hambre.

Como los pueblos que tenían eran todos una muy graciosa huerta cada uno, como se dijo, aposentáronse en ellos los cristianos, cada uno en el pueblo que le repartían (o, como dicen ellos, le encomendaban), y hacía en él sus labranzas, manteniéndose de las comidas pobres de los indios, e así les tomaron sus particulares tierras y heredades de que se mantenían. Por manera que tenían los españoles dentro de sus mesmas casas todos los indios señores viejos, mujeres e niños, e a todos hacen que les sirvan noches y días, sin holganza; hasta los niños, cuan presto pueden tenerse en los pies, los ocupaban en lo que cada uno puede hacer e más de lo que puede, y así los han consumido y consumen hoy los pocos que han restado, no teniendo ni dejándoles tener casa ni cosa propia; en lo cual aun exceden a las injusticias en este género que en la Española se hacían.

Han fatigado, e opreso, e sido causa de su acelerada muerte de muchas gentes en esta provincia, haciéndoles llevar la tablazón e madera, de treinta leguas al puerto, para hacer navíos, y enviarlos a buscar miel y cera por los montes, donde los comen los tigres; y han cargado e cargan hoy las mujeres preñadas y paridas como a bestias.

La pestilencia más horrible que principalmente ha asolado aquella provincia, ha sido la licencia que aquel gobernador dio a los españoles para pedir esclavos a los caciques y señores de los pueblos. Pedía cuatro o cinco meses, o cada vez que cada uno alcanzaba la gracia o licencia del dicho gobernador, al cacique, cincuenta esclavos, con amenazas que si no los daban lo habían de quemar vivo o echar a los perros bravos. Como los indios comúnmente no tienen esclavos, cuando mucho un cacique tiene dos, o tres, o cuatro, iban los señores por su pueblo e tomaban lo primero todos los huérfanos, e después pedía a quien tenía dos hijos uno, e a quien tres, dos; e desta manera cumplía el cacique el número que el tirano le pedía, con grandes alaridos y llantos del pueblo, porque son las gentes que más parece que aman a sus hijos. Como esto se hacía tantas veces, asolaron desde el año de veinte y tres hasta el año de treinta y tres todo aquel reino, porque anduvieron seis o siete años de cinco o seis navíos al tracto, llevando todas aquellas muchedumbres de indios a vender por esclavos a Panamá e al Perú, donde todos son muertos, porque es averiguado y experimentado millares de veces que, sacando los indios de sus tierras naturales, luego mueren más fácilmente. Porque siempre no les dan de comer e no les quitan nada de los trabajos, como no los vendan ni los otros los compren sino para trabajar. Desta manera han sacado de aquella provincia indios hechos esclavos, siendo tan libres como yo, más de quinientas mil ánimas. Por las guerras infernales que los españoles les han hecho e por el captiverio horrible en que los pusieron, más han muerto de otras quinientas y seiscientas mil personas hasta hoy, e hoy los matan. En obra de catorce años todos estos estragos se han hecho. Habrá hoy en toda la dicha provincia de Nicaragua obra de cuatro mil o cinco mil personas, las cuales matan cada día con los servicios y opresiones cotidianas e personales, siendo (como se dijo) una de las más pobladas del mundo.

DE LA NUEVA ESPAÑA

En el año de mil e quinientos y diez y siete se descubrió la Nueva
España[58], y en el descubrimiento se hicieron grandes escándalos en los
indios y algunas muertes por los que la descubrieron. En el año de mil
e quinientos e diez y ocho la fueron a robar e a matar los que se llaman
cristianos, aunque ellos dicen que van a poblar[59]. Y desde este año de
diez y ocho hasta el día de hoy, que estamos en el año de mil e quinientos y cuarenta e dos, ha rebosado y llegado a su colmo toda la iniquidad, toda la injusticia, toda la violencia y tiranía que los cristianos
han hecho en las Indias, porque del todo han perdido todo temor a Dios
y al rey e se han olvidado de sí mesmos. Porque son tantos y tales los
estragos e crueldades, matanzas e destruiciones, despoblaciones, robos,
violencias e tiranías, y en tantos y tales reinos de la gran tierra firme,
que todas las cosas que hemos dicho son nada en comparación de las
que se hicieron; pero aunque las dijéramos todas, que son infinitas las
que dejamos de decir, no son comparables ni en número ni en gravedad
a las que desde el dicho año de mil e quinientos y cuarenta y dos, e hoy,
en este día del mes de septiembre, se hacen e cometen las más graves e
abominables. Porque sea verdad la regla que arriba pusimos, que
siempre desde el principio han ido cresciendo en mayores desafueros
y obras infernales.

Así que, desde la entrada de la Nueva España, que fué a dieciocho
de abril del dicho año de dieciocho[60], hasta el año de treinta, que fueron
doce años enteros, duraron las matanzas y estragos que las sangrientas
e crueles manos y espadas de los españoles hicieron continuamente en
cuatrocientas e cincuenta leguas en torno cuasi de la ciudad de Méjico
e a su alrededor, donde cabían cuatro y cinco grandes reinos, tan
grandes e harto más felices que España. Estas tierras todas eran las más
pobladas e llenas de gentes que Toledo e Sevilla, y Valladolid, y Za-
ragoza juntamente con Barcelona, porque no hay ni hubo jamás tanta
población en estas ciudades, cuando más pobladas estuvieron, que Dios
puso e que había en todas las dichas leguas, que para andarlas en torno

---

58   El primer descubridor fue Francisco Hernández de Cordoba en las costas de Yucatan
     (Campeche, Champoton) donde se enfrento con los Mayas (1517) *(Historia de las Indias,
     III, XCVI)*

59   En 1518, Diego de Velázquez dio el mando de una armada de cuatro navíos a su so-
     brino Juan de Grijalva. Desde la isla de Cozumel siguió la costa de Yucatán, luego la del
     golfo que se llamará más tarde de México hasta Panuco.

60   No fue en 1518, sino el 18 de febrero de 1519 cuando Hernán Cortés zarpó del puerto
     de Santiago de Cuba con once barcos. Diego de Velázquez le había dado el mando y
     luego se lo negó. Llevaba consigo 500 soldados, esclavos y 16 caballos.

se han de andar más de mil e ochocientas leguas. Más han muerto los españoles dentro de los doce años dichos en las dichas cuatrocientas y cincuenta leguas, a cuchillo y a lanzadas y quemándolos vivos, mujeres e niños, y mozos, y viejos, de cuatro cuentos de ánimas, mientras que duraron (como dicho es) lo que ellos llaman conquistas, siendo invasiones violentas de crueles tiranos, condenadas no sólo por la ley de Dios, pero por todas las leyes humanas, como lo son e muy peores que las que hace el turco para destruir la iglesia cristiana. Y esto sin los que han muerto e matan cada día en la susodicha tiránica servidumbre, vejaciones y opresiones cotidianas.

Particularmente, no podrá bastar lengua ni noticia e industria humana a referir los hechos espantables que en distintas parte, e juntos en un tiempo en unas, e varios en varias, por aquellos hostes[61] públicos y capitales enemigos del linaje humano, se han hecho dentro de aquel dicho circuito, e aun algunos hechos según las circunstancias e calidades que los agravian, en verdad que cumplidamente apenas con mucha diligencia e tiempo y escriptura no se pueda explicar. Pero alguna cosa de algunas partes diré con protestación e juramento de que no pienso que explicaré una de mil partes.

Entre otras matanzas hicieron ésta en una ciudad grande, de más de treinta mil vecinos, que se llama Cholula: que saliendo a recibir todos los señores de la tierra e comarca, e primero todos los sacerdotes con el sacerdote mayor a los cristianos en procesión y con grande acatamiento e reverencia, y llevándolos en medio a aposentar a la ciudad, y a las casas de aposentos del señor o señores della principales, acordaron los españoles de hacer allí una matanza o castigo (como ellos dicen) para poner y sembrar su temor e braveza en todos los rincones de aquellas tierras[62]. Porque siempre fué esta su determinación en todas las tierras que los españoles han entrado, conviene a saber: hacer una cruel e señalada matanza porque tiemblen dellos aquellas ovejas mansas.

Así que enviaron para esto primero a llamar todos los señores e nobles de la ciudad e de todos los lugares a ella subjectos, con el señor principal, e así como venían y entraban a hablar al capitán de los españoles, luego eran presos sin que nadie los sintiese, que pudiese llevar las nuevas. Habíanles pedido cinco o seis mil indios que les llevasen

---

61 *Hostes*: enemigos.
62 Se trata de una etapa sangrienta de la conquista, después de la toma de Tlaxcala. . En *la verdadera historia de la conquista de la Nueva España (Capítulo LXXXIII)*, Bernal Díaz del Castillo justifica la matanza de Cholula. Según él, los Cholultecas, aliados de los Aztecas, que habían dejado entrar los españoles en la ciudad, fueron eliminados cuando Cortés se enteró de que habían preparado un plan para acabar con los conquistadores.

las cargas; vinieron todos luego e métenlos en el patio de las casas. Ver a estos indios cuando se aparejan para llevar las cargas de los españoles es haber dellos una gran compasión y lástima, porque vienen desnudos, en cueros, solamente cubiertas sus vergüenzas e con unas redecillas en el hombro con su pobre comida; pónense todos en cuclillas, como unos corderos muy mansos. Todos ayuntados e juntos en el patio con otras gentes que a vueltas estaban, pónense a las puertas del patio españoles armados que guardasen y todos los demás echan mano a sus espadas y meten a espada y a lanzadas todas aquellas ovejas, que uno ni ninguno pudo escaparse que no fuese trucidado[63]. A cabo de dos o tres días saltan muchos indios vivos, llenos de sangre, que se habían escondido e amparado debajo de los muertos (como eran tantos); iban llorando ante los españoles pidiendo misericordia, que no los matasen. De los cuales ninguna misericordia ni compasión hubieron, antes así como salían los hacían pedazos.

A todos los señores, que eran más de ciento y que tenían atados, mandó el capitán quemar e sacar vivos en palos hincados en la sierra. Pero un señor, e quizá era el principal y rey de aquella tierra, pudo soltarse e recogióse con otros veinte o treinta o cuarenta hombres al templo grande que allí tenían, el cual era como fortaleza que llamaban Duu, e allí se defendió gran rato del día. Pero los españoles, a quien no se les ampara nada, mayormente en estas gentes desarmadas, pusieron fuego al templo e allí los quemaron dando voces: «¡Oh, malos hombres! ¿Qué os hemos hecho?, ¿porqué nos matáis? ¡Andad, que a Méjico iréis, donde nuestro universal señor Motenzuma de vosotros nos hará venganza!» Dícese que estando metiendo a espada los cinco o seis mil hombres en el patio, estaba cantando el capitán de los españoles: «Mira Nero de Tarpeya a Roma cómo se ardía; gritos dan niños y viejos, y él de nada se dolía[64]».

Otra gran matanza hicieron en la ciudad de Tepeaca, que era mucho mayor e de más vecinos y gente que la dicha, donde mataron a espada infinita gente, con grandes particularidades de crueldad.

De Cholula caminaron hacia Méjico, y enviándoles el gran rey Motenzuma[65] millares de presentes, e señores y gentes, e fiestas al camino, e a la entrada de la calzada de Méjico, que es a dos leguas, envióles a

---

63   *Trucidar*: despedazar; matar con crueldad e inhumanidad.

64   Primeros versos de un popular romance español de autor anónimo del Siglo de Oro. El mismo era tan conocido que muchos autores teatrales lo utilizaban para hacer juegos de palabras (p. ej. Juan Ruiz de Alarcón en *Mudarse por mejorarse*).

65   Moctezuma II Xocoyotzín (el joven) hijo de Axayacatl, era rey de los Aztecas cuando llegó Cortés. Fue proclamado *tlatoani* (rey) en 1502, a la muerte de Ahuitzotl. Dejó entrar los españoles y los Tlaxcaltecas en su capital Tenochtitlán.

su mesmo hermano acompañado de muchos grandes señores e grandes presentes de oro y plata e ropas; y a la entrada de la ciudad, saliendo él mesmo en persona en unas andas de oro con toda su gran corte a recebirlos, y acompañándolos hasta los palacios en que los había mandado aposentar, aquel mismo día, según me dijeron algunos de los que allí se hallaron, con cierta disimulación, estando seguro, prendieron al gran rey Motenzuma[66] y pusieron ochenta hombres que le guardasen, e después echáronlo en grillos.

Pero dejado todo esto, en que había grandes y muchas cosas que contar, sólo quiero decir una señalada que allí aquellos tiranos hicieron. Yéndose el capitán de los españoles al puerto de la mar a prender a otro cierto capitán que venía contra él[67], y dejado cierto capitán, creo que con ciento pocos más hombres que guardasen al rey Motenzuma, acordaron aquellos españoles de cometer otra cosa señalada, para acrecentar su miedo en toda la tierra; industria (como dije) de que muchas veces han usado. Los indios y gente e señores de toda la ciudad y corte de Motenzuma no se ocupaban en otra cosa sino en dar placer a su señor preso. Y entre otras fiestas que le hacían era en las tardes hacer por todos los barrios e plazas de la ciudad los bailes y danzas que acostumbran y que llaman ellos mitotes, como en las islas llaman areítos, donde sacan todas sus galas e riquezas, y con ellas se emplean todos, porque es la principal manera de regocijo y fiestas; y los más nobles y caballeros y de sangre real, según sus grados, hacían sus bailes e fiestas más cercanas a las casas donde estaba preso su señor. En la más propincua parte a los dichos palacios estaban sobre dos mil hijos de señores, que era toda la flor y nata de la nobleza de todo el imperio de Motenzuma. A éstos fue el capitán de los españoles con una cuadrilla dellos, y envió otras cuadrillas a todas las otras partes de la ciudad donde hacían las dichas fiestas, disimulados como que iban a verlas, e mandó que a cierta hora todos diesen en ellos[68]. Fué él, y estado embebidos y seguros en sus bailes, dicen «¡Santiago y a ellos!» e comienzan con las espadas desnudas a abrir aquellos cuerpos desnudos y delicados e a derramar aquella generosa sangre, que uno no dejaron a vida; lo mesmo hicieron los otros en las otras plazas.

Fué una cosa esta que a todos aquellos reinos y gentes puso en

---

66   Fue después de una semana en Tenochtitlán, alojado con les españoles por el *tlatoani* en el palacio de Axayacatl, cuando Cortés prendió a Moctezuma.

67   Cortés había salido al encuentro del ejército mandado por Pánfilo de Narváez en la región de Cempoalla.

68   El capitán responsable de la matanza del Templo Mayor que es la que viene descrita a continuación fue Pedro de Alvarado.

pasmo y angustia y luto, e hinchó de amargura y dolor, y de aquí a que se acabe el mundo, o ellos del todo se acaben, no dejarán de lamentar y cantar en sus areítos y bailes, como en romances (que acá decimos), aquella calamidad e pérdida de la sucesión de toda su nobleza, de que se preciaban de tantos años atrás.

Vista por los indios cosa tan injusta e crueldad tan nunca vista, en tantos inocentes sin culpa perpetrada, los que habían sufrido con tolerancia la prisión no menos injusta de su universal señor, porque él mesmo se lo mandaba que no acometiesen ni guerreasen a los cristianos, entonces pónense en armas toda la ciudad y vienen sobre ellos, y heridos muchos de los españoles apenas se pudieron escapar. Ponen un puñal a los pechos al preso Motenzuma que se pusiese a los corredores y mandase que los indios no combatiesen la casa, sino que se pusiesen en paz. Ellos no curaron entonces de obedecerle en nada, antes platicaban de elegir otro señor y capitán que guiase sus batallas; y porque ya volvía el capitán, que había ido al puerto, con victoria, y traía muchos más cristianos y venía cerca, cesaron el combate obra de tres o cuatro días, hasta que entró en la ciudad. Él entrado, ayuntaba infinita gente de toda la tierra, combaten a todos juntos de tal manera y tantos días, que temiendo todos morir acordaron una noche salir de la ciudad[69]. Sabido por los indios mataron gran cantidad de cristianos en los puentes de la laguna, con justísima y sancta guerra, por las causas justísimas que tuvieron, como dicho es. Las cuales, cualquiera que fuere hombre razonable y justo, las justificara. Suscedió después el combate de la ciudad, reformados los cristianos[70], donde hicieron estragos en los indios admirables y extraños, matando infinitas gentes y quemando vivos muchos y grandes señores.

Después de las tiranías grandísimas y abominables que éstos hicieron en la ciudad de Méjico y en las ciudades y tierra mucha (que por aquellos alrededores diez y quince y veinte leguas de Méjico, donde

---

69 A la vuelta de Cortés, después de la matanza del Templo Mayor, y de la muerte de Moctezuma II, los Aztecas bajo el mando de Cuitláhuac y Cuauthémoc se alzaron y pusieron cerco al palacio donde estaban los españoles. Durante una noche lluviosa (la famosa Noche Triste del 30 de junio de 1520), españoles y Tlaxcaltecas abandonaron la ciudad de Tenochtitlán pasando por la calzada de Tacuba. Perecieron la mitad de los conquistadores (150) y la casi totalidad de los Tlaxcaltecas (2000). Léase Bernal Díaz del Castillo, *Historia verdadera de la conquista de la Nueva España*, Capítulo CXXVIII.

70 Ayudado por refuerzos procedentes de las Antillas, Cortés con 900 soldados y 100 caballos, y siempre con sus aliados Tlaxcaltecas, consiguió vencer el ejército azteca en Otumba. Entonces emprendió el sitio de Tenochtitlán (1521). Atacó la ciudad durante tres meses y, a pesar de la resistencia de los Aztecas, el hambre pudo con ellos y los españoles lograron cautivar a Cuauthémoc, el cual había sido elegido *tlatoani* a la muerte de Cuitláhuac. Después, Cortés arrasó la ciudad.

fueron muertas infinitas gentes), pasó adelante esta su tiránica pestilencia y fué a cundir e inficionar y asolar a la provincia de Pánuco, que
era una cosa admirable la multitud de las gentes que tenía y los estragos
y matanzas que allí hicieron. Después destruyeron por la mesma
manera la provincia de Tututepeque y después la provincia de Ipil-
cingo, y después la de Colima, que cada una es más tierra que el reino
de León y que el de Castilla[71]. Contar los estragos y muertes y crueldades que en cada una hicieron sería sin duda cosa dificilísima y imposible de decir, e trabajosa de escuchar.

Es aquí de notar que el título con que entraban e por el cual co-
menzaban a destruir todos aquellos inocentes y despoblar aquellas
tierras que tanta alegría y gozo debieran de causar a los que fueran verdaderos cristianos, con su tan grande e infinita población, era decir que
viniesen a subjectarse e obedecer al rey de España, donde no, que los
había de matar e hacer esclavos. Y los que no venían tan presto a
cumplir tan irracionables y estultos mensajes e a ponerse en las manos
de tan inicuos e crueles y bestiales hombres, llamábanles rebeldes y alzados contra el servicio de Su Majestad. Y así lo escrebían acá al rey
nuestro señor e la ceguedad de los que regían las Indias no alcanzaba
ni entendía aquello que en sus leyes está expreso e más claro que otro
de sus primeros principios, conviene a saber: que ninguno es ni puede
ser llamado rebelde si primero no es súbdito.

Considérese por los cristianos e que saben algo de Dios e de razón,
e aun de las leyes humanas, qué tales pueden parar los corazones de
cualquiera gente que vive en sus tierras segura e no sabe que deba nada
a nadie, e que tiene sus naturales señores, las nuevas que les dijesen así
de súpito: daos a obedescer a un rey estraño, que nunca vistes ni oístes,
e si no, sabed que luego os hemos de hacer pedazos; especialmente
viendo por experiencia que así luego lo hacen. Y lo que más espantable
es, que a los que de hecho obedecen ponen en aspérrima servidumbre,
donde son increíbles trabajos e tormentos más largos y que duran más
que los que les dan metiéndolos a espada, al cabo perecen ellos e sus
mujeres y hijos e toda su generación. E ya que con los dichos temores
y amenazas aquellas gentes o otras cualesquiera en el mundo vengan
a obedecer e reconoscer el señorío de rey extraño, no ve en los ciegos e
turbados de ambición e diabólica cudicia que no por eso adquieren una

---

71 Las Casas resume los datos proporcionados por la *Carta cuarta de Relación* de Cortés
    que trata de las conquistas (1521-1537) de la parte central de Méxio en contra de los
    Huaxtecas, Mixtecas, Zapotecas y Tarascos.

punta de derecho como verdaderamente sean temores y miedos, aquellos *cadentes inconstantísimos viros*, que de derecho natural e humano y divino es todo aire cuanto se hace para que valga, si no es el reatu[72] e obligación que les queda a los fuegos infernales, e aun a las ofensas y daños que hacen a los reyes de Castilla destruyéndoles aquellos sus reinos e aniquilándole (en cuanto en ellos es) todo el derecho que tienen a todas las Indias; y estos son e no otros los servicios que los españoles han hecho a los dichos señores reyes en aquellas tierras, e hoy hacen.

Con este tan justo y aprobado título envió aqueste capitán tirano otros dos tiranos capitanes muy más crueles e feroces[73], peores e de menos piedad e misericordia que él, a los grandes y florentísimos e felicísimos reinos, de gentes plenísimamente llenos e poblados, conviene a saber, el reino de Guatimala, que está a la mar del Sur, y el otro de Naco y Honduras o Guaimura, que está a la mar del Norte[74], frontero el uno del otro e que confinaban e partían términos ambos a dos, trecientas leguas de Méjico. El uno despachó por la tierra y el otro en navíos por la mar, con mucha gente de caballo y de pie cada uno.

Digo verdad que de lo que ambos hicieron en mal, y señaladamente del que fué al reino de Guatimala, porque el otro presto mala muerte murió[75], que podría expresar e collegir tantas maldades, tantos estragos, tantas muertes, tantas despoblaciones, tantas y tan fieras injusticias que espantasen los siglos presentes y venideros e hinchese dellas un gran libro. Porque éste excedió a todos los pasados y presentes, así en la cantidad e número de las abominaciones que hizo, como de las gentes que destruyó e tierras que hizo desiertas, porque todas fueron infinitas.

El que fué por la mar y en navíos hizo grandes robos y escándalos y aventamientos de gentes en los pueblos de la costa, saliéndole a rescibir algunos con presentes en el reino de Yucatán, que está en el camino del reino susodicho de Naco y Guaimura, donde iba. Después de llegado a ellos envió capitanes y mucha gente por toda aquella tierra que robaban y mataban y destruían cuantos pueblos y gentes había. Y

---

72   *Reatu:* obligación de expiar la pena correspondiente al pecado o delito, aun cuando éstos hayan sido perdonados.

73   Estos dos tiranos eran Pedro de Alvarado en Guatemala (1523) y Cristobal de Olid en Honduras.

74   El Mar del Sur, así llamado por Vasco Núñez de Balboa cuando descubrió el nuevo océano (Pacífico) en 1513 al sur del istmo de Panamá. Por lo tanto el Mar del Norte es el Atlántico.

75   Cristóbal de Olid murió asesinado por sus rivales Francisco de Las Casas y Gil González Dávila.

especialmente uno que se alzó con trecientos hombres y se metió la tierra adentro hacia Guatimala, fué destruyendo y quemando cuantos pueblos hallaba y robando y matando las gentes dellos. Y fué haciendo esto de industria más de ciento y veinte leguas, porque si enviasen tras él hallasen los que fuesen la tierra despoblada y alzada y los matasen los indios en venganza de los daños y destruiciones que dejaban fechos. Desde a pocos días mataron al capitán principal que le envió y a quien éste se alzó, y después suscedieron otros muchos tiranos crudelísimos que con matanzas e crueldades espantosas y con hacer esclavos e venderlos a los navíos que les traían vino e vestidos y otras cosas; e con la tiránica servidumbre ordinaria, desde el año de mil y quinientos e veinte y cuatro hasta el año de mil e quinientos e treinta y cinco asolaron aquellas provincias e reino de Naco y Honduras, que verdaderamente parescían un paraíso de deleites y estaban más pobladas que la más frecuentada y poblada tierra que puede ser en el mundo; y agora pasamos e venimos por ellas y las vimos tan despobladas y destruídas que cualquiera persona, por dura que fuera, se le abrieran las entrañas de dolor. Más han muerto, en estos once años, de dos cuentos de ánimas y no han dejado, en más de cient leguas en cuadra, dos mil personas, y éstas cada día las matan en la dicha servidumbre.

Volviendo la péndola[76] a hablar del grande tirano capitán que fué a los reinos de Guatimala, el cual, como está dicho, excedió a todos los pasados e iguala con todos los que hoy hay, desde las provincias comarcanas a Méjico, que por el camino que él fué (según él mesmo escribió en una carta al principal que le envió[77]) están del reino de Guatimala cuatrocientas leguas, fué haciendo matanzas y robos, quemando y robando e destruyendo donde llegaba toda la tierra con el título susodicho, conviene a saber, diciéndoles que se sujetasen a ellos, hombres tan inhumanos, injustos y crueles, en nombre del rey de España, incógnito e nunca jamás dellos oído. El cual estimaban ser muy más injusto e cruel que ellos; e aun sin dejarlos deliberar, cuasi tan presto como el mensaje, llegaban matando y quemando sobre ellos.

---

76   *Péndola*: pluma de escribir.
77   Pedro de Alvarado escribió tres cartas a Cortés (el principal). La primera se perdió.

De la Provincia e Reino de Guatimala

Llegado al dicho reino hizo en la entrada dél mucha matanza de gente; y no obstante esto, salióle a rescebir en unas andas e con trompetas y atabales e muchas fiestas el señor principal con otros muchos señores de la ciudad de Utatlán[78], cabeza de todo el reino, donde le sirvieron de todo lo que tenían, en especial dándoles de comer cumplidamente e todo lo que más pudieron. Aposentáronse fuera de la ciudad los españoles aquella noche, porque les paresció que era fuerte y que dentro pudieran tener peligro. Y otro día llama al señor principal e otros muchos señores, e venidos como mansas ovejas, préndelos todos e dice que le den tantas cargas de oro. Responden que no lo tienen, porque aquella tierra no es de oro. Mándalos luego quemar vivos, sin otra culpa ni otro proceso ni sentencia.

Desque vieron los señores de todas aquellas provincias que habían quemado aquellos señor y señores supremos, no más de porque no daban oro, huyeron todos de sus pueblos metiéndose en los montes, e mandaron a toda su gente que fuesen a los españoles y les sirviesen como a señores, pero que no les descubriesen diciéndoles dónde estaban. Viénense toda la gente de la tierra a decir que querían ser suyos e servirles como a señores. Respondía este piadoso capitán que no los querían rescebir, antes los habían de matar a todos si no descubrían dónde estaban los señores. Decían los indios que ellos no sabían dellos, que se sirviesen dellos y de sus mujeres e hijos y que en sus casas los hallarían; allí los podían matar o hacer dellos lo que quisiesen; y esto dijeron y ofrescieron e hicieron los indios muchas veces. Y cosa fué esta maravillosa, que iban los españoles a los pueblos donde hallaban las pobres gentes trabajando en sus oficios con sus mujeres y hijos seguros e allí los alanceaban e hacían pedazos. Y a pueblo muy grande e poderoso vinieron (que estaban descuidados más que otros e seguros con su inocencia) y entraron los españoles y en obra de dos horas casi lo asolaron, metiendo a espada los niños e mujeres e viejos con cuantos matar pudieron que huyendo no se escaparon.

Desque los indios vieron que con tanta humildad, ofertas, paciencia y sufrimiento no podían quebrantar ni ablandar corazones tan inhumanos e bestiales, e que tan sin apariencia ni color de razón, e tan contra

---

78   *Utatlán* era la capital de los mayas-quichés. El cacique principal que se llamaba Tucum Uman fue muerto por Pedro de Alvarado.

ella los hacían pedazos; viendo que así como así habían de morir, acordaron de convocarse e juntarse todos y morir en la guerra, vengándose como pudiesen de tan crueles e infernales enemigos, puesto que bien sabían que siendo no sólo inermes, pero desnudos, a pie y flacos, contra gente tan feroz a caballo e tan armada, no podían prevalecer, sino al cabo ser destruídos. Entonces inventaron unos hoyos en medio de los caminos donde cayesen los caballos y se hincasen por las tripas unas estacas agudas y tostadas de que estaban los hoyos llenos, cubiertos por encima de céspedes e yerbas que no parecía que hubiese nada. Una o dos veces cayeron caballos en ellos no más, porque los españoles se supieron dellos guardar, pero para vengarse hicieron ley los españoles que todos cuantos indios de todo género y edad tomasen a vida, echasen dentro en los hoyos. Y así las mujeres preñadas e paridas e niños y viejos e cuantos podían tomar echaban en los hoyos hasta que los henchían, traspasados por las estacas, que era una gran lástima ver, especialmente las mujeres con sus niños. Todos los demás mataban a lanzadas y a cuchilladas, echábanlos a perros bravos que los despedazaban e comían, e cuando algún señor topaban, por honra quemábanlo en vivas llamas. Estuvieron en estas carnicerías tan inhumanas cerca de siete años, desde el año de veinte y cuatro hasta el año de treinta o treinta y uno: júzguese aquí cuánto sería el número de la gente que consumirían.

De infinitas obras horribles que en este reino hizo este infelice malaventurado tirano e sus hermanos[79] (porque eran sus capitanes no menos infelices e insensibles que él, con los demás que le ayudaban) fué una harto notable: que fué a la provincia de Cuzcatán, donde agora o cerca de allí es la villa de Sant Salvador, que es una tierra felicísima con toda la costa de la mar del Sur, que dura cuarenta y cincuenta leguas, y en la ciudad de Cuzcatán, que era la cabeza de la provincia, le hicieron grandísimo rescebimiento sobre veinte o treinta mil indios le estaban esperando cargados de gallinas e comida. Llegado y rescebido el presente mandó que cada español tomase de aquel gran número de gente todos los indios que quisiese, para los días que allí estuviesen servirse dellos e que tuviesen cargo de traerles lo que hubiesen menester. Cada uno tomó ciento o cincuenta o los que le parescía que bastaban para ser muy bien servido, y los inocentes corderos sufrieron la división e servían con todas sus fuerzas, que no faltaba sino adorarlos.

---

79   Pedro de Alvarado y sus tres hermanos Gonzalo, Gómez y Jorge.

Entre tanto este capitán pidió a los señores que le trujesen mucho oro, porque a aquello principalmente venían. Los indios responden que les place darles todo el oro que tienen, e ayuntan muy gran cantidad de hachas de cobre (que tienen, con que se sirven), dorado, que parece oro porque tiene alguno. Mándales poner el toque, y desque vido que eran cobre dijo a los españoles: Dad al diablo tal tierra; vámonos, pues que no hay oro; e cada uno los indios que tiene que le sirven échelos en cadena e mandaré herrárselos por esclavos. Hácenlo así e hiérranlos con el hierro del rey por esclavos a todos los que pudieron atar, e yo vide el hijo del señor principal de aquella ciudad herrado.

Vista por los indios que se soltaron y los demás de toda la tierra tan gran maldad, comienzan a juntarse e a ponerse en armas. Los españoles hacen en ellos grandes estragos y matanzas e tórnanse a Guatimala, donde edificaron una ciudad que agora con justo juicio, con tres diluvios juntamente, uno de agua e otro de tierra e otro de piedras más gruesas que diez y veinte bueyes, destruyó la justicia divina[80]. Donde muertos todos los señores e los hombres que podían hacer guerra, pusieron todos los demás en la sobredicha infernal servidumbre, e con pedirles esclavos de tributo y dándoles los hijos e hijas, porque otros esclavos no los tienen, y ellos enviando navíos cargados dellos a vender al Perú, e con otras matanzas y estragos que sin los dichos hicieron, han destruído y asolado un reino de cient leguas en cuadra y más, de los más felices en fertilidad e población que puede ser en el mundo. Y este tirano mesmo escribió que era más poblado que el reino de Méjico e dijo verdad: más ha muerto él y sus hermanos, con los demás, de cuatro y de cinco cuentos de ánimas en quince o dieciséis años, desde el año de veinte y cuatro hasta el de cuarenta, e hoy matan y destruyen los que quedan, e así matarán los demás.

Tenía éste esta costumbre: que cuando iba a hacer guerra a algunos pueblos o provincias, llevaba de los ya sojuzgados indios cuantos podía que hiciesen guerra a los otros; e como no les daba de comer a diez y a veinte mil hombres que llevaba, consentíales que comiesen a los indios que tomaban. Y así había en su real solemnísima carnecería de carne humana, donde en su presencia se mataban los niños y se asaban, y mataban el hombre por solas las manos y pies, que tenían por los mejores bocados. Y con estas inhumanidades, oyéndolas todas las otras gentes

---

80   En septiembre de 1541 hubo una gran catástrofe provocada por la erupción del Volcán del Agua que anegó la ciudad de Santiago de los Caballeros en Guatemala bajo un alud de agua, lodo y piedras.

de las otras tierras, no sabían dónde se meter de espanto.

Mató infinitas gentes con hacer navíos; llevaba de la mar del Norte a la del Sur[81], ciento y treinta leguas, los indios cargados con anclas de tres y cuatro quintales, que se les metían las uñas dellas por las espaldas y lomos; y llevó desta manera mucha artillería en los hombros de los tristres desnudos: e yo vide muchos cargados de artillería por los caminos, angustiados. Descasaba y robaba los casados, tomándoles las mujeres y las hijas, y dábalas a los marineros y soldados por tenerlos contentos para llevarlos en sus armadas; henchía los navíos de indios, donde todos perecían de sed y hambre. Y es verdad que si hobiese de decir, en particular, sus crueldades, hiciesen un gran libro que al mundo espantase.

Dos armadas hizo de muchos navíos cada una con las cuales abrasó, como si fuera fuego del cielo, todas aquellas tierras. ¡Oh, cuántos huérfanos hizo, cuántos robó de sus hijos, cuántos privó de sus mujeres, cuántas mujeres dejó sin maridos, de cuántos adulterios y estupros e violencias fué causa! ¡Cuántos privó de su libertad, cuántas angustias e calamidades padecieron muchas gentes por él! ¡Cuántas lágrimas hizo derramar, cuántos sospiros, cuántos gemidos, cuántas soledades en esta vida e de cuántos damnación eterna en la otra causó, no sólo de indios, que fueron infinitos, pero de los infelices cristianos de cuyo consorcio se favoreció en tan grandes insultos, gravísimos pecados e abominaciones tan execrables! Y plega a Dios que dél haya habido misericordia e se contente con tan mala fin como al cabo le dió.[82]

---

81 Entre 1530 y 1533, Alvarado hizo construir numerosos barcos en vista de ir a conquistar las Molucas o el Perú. Decidió que iría hacia el Perú (1534), pero ni Diego de Almagro ni Francisco Pizarro quisieron compartir su autoridad, así que Alvarado volvió a Guatemala en 1536. No renunció a su primera idea y quiso emprender una expedición hacia las islas de la Especiería (1540-1541) pero no la pudo realizar.

82 Encabezando la represión contra un alzamiento de los indios de la región de Jalisco, Pedro de Alvarado murió accidentalmente al caérsele encima un caballo (julio de 1541). Las Casas ve en aquella muerte un castigo de Dios, lo mismo que en la destrucción de Santiago de los Caballeros por una erupción volcánica (nota 80) a consecuencia de la cual pereció su viuda y varios conquistadores de la provincia de Guatemala.

DE LA NUEVA ESPAÑA Y PÁNUCO Y JALISCO

Hechas las grandes crueldades y matanzas dichas y las que se dejaron de decir en las provincias de la Nueva España y en las de Pánuco, sucedió en la de Pánuco otro tirano insensible, cruel[83], el año de mil e quinientos e veinte y cinco, que haciendo muchas crueldades y herrando muchos y gran número de esclavos de las maneras susodichas, siendo todos hombres libres, y enviando cargados muchos navíos a las islas Cuba y Española, donde mejor venderlos podía, acabó de asolar toda aquella provincia; e acaesció allí dar por una yegua ochenta indios, ánimas racionales. De aquí fué proveído para gobernar la ciudad de Méjico y toda la Nueva España con otros grandes tiranos por oidores y él por presidente [84]. El cual con ellos cometieron tan grandes males, tantos pecados, tantas crueldades, robos e abominaciones que no se podrían creer. Con las cuales pusieron toda aquella tierra en tan última despoblación, que si Dios no les atajara con la resistencia de los religiosos de Sant Francisco[85] e luego con la nueva provisión de una Audiencia Real buena y amiga de toda virtud [86], en dos años dejaran la Nueva España como está la isla Española. Hobo hombre de aquellos, de la compañía deste, que para cercar de pared una gran huerta suya traía ocho mil indios, trabajando sin pagarles nada ni darles de comer, que de hambre se caían muertos súpitamente, y él no se daba por ello nada.

Desque tuvo nueva el principal desto, que dije que acabó de asolar a Pánuco, que venía la dicha buena Real Audiencia, inventó de ir la tierra adentro a descubrir dónde tiranizase, y sacó por fuerza de la provincia de Méjico quince o veinte mil hombres para que le llevasen, e a

---

83   Gobernador de Pánuco desde 1525, Nuño de Guzmán llegó a ser presidente de la primera Audiencia de la Nueva España en 1528. Después de un año ejerció un poder tiránico que suscitó una general indignación. El franciscano Juan de Zumárraga, primer obispo de México, encabezó los opositores a la primera Audiencia. Temiendo un proceso, Guzmán se fue de México a la provincia de Michoacán la cual estaba ya conquistada (diciembre de 1529). Fue responsable de la tortura y de la muerte del *caltzonci* o rey de los tarascos ya evangelizado y vasallo del rey de España. Luego, se lanzó a la conquista de Jalisco. Por dondequiera, sus desmanes le dieron una triste fama tanto entre los indios como entre los españoles.

84   Los oídores de la Audiencia eran Paredes, Maldonado, Matienzo y Delgadillo.

85   En 1524, llegaron los primeros misioneros franciscanos ("los Doce") bajo la dirección de Martín de Valencia: fray Toribio de Benavente que tomó el apodo de *Motolinía* (lo que significa "el pobrecito" en nahuatl), fray Francisco de Soto, fray Martín de la Coruña, fray Antonio de Ciudad Rodrigo, fray García de Cisneros, fray Juan de Rivas, fray Francisco Jiménez, fray Juan Juárez, fray Luis de Fuensalida, fray Juan de Palos y fray Andrés de Córdoba.

86   Muy diferente de la primera Audiencia, es de notar el buen gobierno de la segunda formada por Ramírez de Fuenleal, presidente, y por Vasco de Quiroga, Alonso Maldonado, Francisco y Juan de Salmerón, oídores. La protección de los indios fue su principal preocupación. Vasco de Quiroga fundó dos pueblos de indios inspirados en su organización por la *Utopía* de Tomas Moro y luego fue obispo de Michoacán.

los españoles que con él iban, las cargas, de los cuales no volvieron doscientos, que todos fué causa que muriesen por allá. Llegó a la provincia de Mechuacam, que es cuarenta leguas de Méjico, otra tal y tan felice e tan llena de gente como la de Méjico, saliéndole a recebir el rey e señor della[87] con procesión de infinita gente e haciéndole mil servicios y regalos; prendió luego al dicho rey, porque tenía fama de muy rico de oro y plata[88], e porque le diese muchos tesoros comienza a dalle estos tormentos el tirano: pónelo en un cepo por los pies y el cuerpo estendido, e atado por las manos a un madero; puesto un brasero junto a los pies, e un muchacho, con un hisopillo mojado en aceite, de cuando en cuando se los rociaba para tostarle bien los cueros; de una parte estaba un hombre cruel, que con una ballesta armada apuntábale al corazón; de otra, otro con un muy terrible perro bravo echándoselo, que en un credo lo despedazara, e así lo atormentaron porque descubriese los tesoros que pretendía, hasta que, avisado cierto religioso de Sant Francisco, se lo quitó de las manos; de los cuales tormentos al fin murió. Y desta manera atormentaron e mataron a muchos señores e caciques en aquellas provincias, porque diesen oro y plata.

Cierto tirano en este tiempo, yendo por visitador más de las bolsas y haciendas para robarlas de los indios que no de las ánimas o personas, halló que ciertos indios tenían escondidos sus ídolos, como nunca los hobiesen enseñado los tristes españoles otro mejor Dios: prendió los señores hasta que le dieron los ídolos creyendo que eran de oro o de plata, por lo cual cruel e injustamente los castigó. Y porque no quedase defraudado de su fin, que era robar, constriñó a los dichos caciques que le comprasen los ídolos, y se los compraron por el oro o plata que pudieron hallar, para adorarlos como solían por Dios. Estas son las obras y ejemplos que hacen y honra que procuran a Dios en las Indias los malaventurados españoles.

Pasó este gran tirano capitán, de la de Mechuacam a la provincia de Jalisco, que estaba entera e llena como una colmena de gente poblatísima e felicísima, porque es de las fértiles y admirables de las Indias; pueblo tenía que casi duraba siete leguas su población. Entrando en ella salen los señores y gente con presentes y alegría, como suelen todos los indios, a rescibir. Comenzó a hacer las crueldades y maldades que solía, e que todos allá tienen de costumbre, e muchas

---

87   El *Catzontzín*.

88   La fuente documental de Las Casas sería la *Relación de Michoacán,* escrita por un religioso franciscano, probablemente fray Jerónimo de Alcalá (1508-1545).

más, por conseguir el fin que tienen por dios, que es el oro. Quemaba los pueblos, prendía los caciques, dábales tormentos, hacía cuantos tomaba esclavos. Llevaba infinitos atados en cadenas; las mujeres paridas, yendo cargadas con cargas que de los malos cristianos llevaban, no pudiendo llevar las criaturas por el trabajo e flaqueza de hambre, arrojábanlas por los caminos, donde infinitas perecieron.

Un mal cristiano, tomando por fuerza una doncella para pecar con ella, arremetió la madre para se la quitar, saca un puñal o espada y córtala una mano a la madre, y a la doncella, porque no quiso consentir, matóla a puñaladas.

Entre otros muchos hizo herrar por esclavos injustamente, siendo libres (como todos lo son), cuatro mil e quinientos hombres e mujeres y niños de un año, a las tetas de las madres, y de dos, y tres, e cuatro e cinco años, aun saliéndole a rescibir de paz, sin otros infinitos que no se contaron.

Acabadas infinitas guerras inicuas e infernales y matanzas en ellas que hizo, puso toda aquella tierra en la ordinaria e pestilencial servidumbre tiránica que todos los tiranos cristianos de las Indias suelen y pretenden poner aquellas gentes. En la cual consintió hacer a sus mesmos mayordomos e a todos los demás crueldades y tormentos nunca oídos, por sacar a los indios oro y tributos. Mayordomo suyo mató muchos indios ahorcándolos y quemándolos vivos, y echándolos a perros bravos, e cortándoles pies y manos y cabezas e lenguas, estando los indios de paz, sin otra causa alguna más de por amedrentarlos para que le sirviesen e diesen oro y tributos, viéndolo e sabiéndolo el mesmo egregio tirano, sin muchos azotes y palos y bofetadas y otras especies de crueldades que en ellos hacían cada día y cada hora ejercitaban.

Dícese de él que ochocientos pueblos destruyó y abrasó en aquel reino de Jalisco, por lo cual fué causa que de desesperados (viéndose todos los demás tan cruelmente perecer) se alzasen y fuesen a los montes y matasen muy justa y dignamente algunos españoles. Y después, con las injusticias y agravios de otros modernos tiranos que por allí pasaron para destruir otras provincias, que ellos llaman descubrir, se juntaron muchos indios, haciéndose fuertes en ciertos peñones, en los cuales agora de nuevo han hecho en ellos tan grandes crueldades que cuasi han acabado de despoblar e asolar toda aquella gran tierra, matando infinitas gentes. Y los tristes ciegos, dejados de Dios venir a reprobado sentido, no viendo la justísima causa, y causas muchas llenas de toda justicia, que los indios tienen por ley natural, divina y humana de los hacer pedazos, si fuerzas e armas tuviesen, y echarlos de sus tierras, e la injustísima e llena de toda iniquidad, condenada por todas las leyes, que ellos tienen para, sobre tantos insultos y tiranías e grandes e inexpiables pecados que han cometido en ellos, moverles de nuevo guerra, piensan y dicen y escriben que las victorias que han de los inocentes indios asolándolos, todas se las da Dios, porque sus guerras inicuas tienen justicia, como se gocen y glorien y hagan gracias a Dios de sus tiranías como lo hacían aquellos tiranos ladrones de quien dice el profeta Zacharías, capítulo 11: *Pasce pecora ocisionis, quoe qui occidebant non dolebant sed dicebant, benedictus deus quod divites facti sumus.*[89]

Del Reino de Yucatán

El año de mil e quinientos y veinte y seis fué otro infelice hombre proveído por gobernador del reino de Yucatán[90], por las mentiras y falsedades que dijo y ofrescimientos que hizo al rey, como los otros tiranos han hecho hasta agora, porque les den oficios y cargos con que puedan robar. Este reino de Yucatán estaba lleno de infinitas gentes, porque es la tierra de gran manera sana y abundante de comidas e frutas mucho (aún más que la de la de Méjico), e señaladamente abunda de miel y cera más que ninguna parte de las Indias de lo que hasta agora se ha visto. Tiene cerca de trecientas leguas de boja[91] o en torno el dicho reino. La gente dél era señalada entre todas las de las Indias, así en prudencia y policía[92] como en carecer de vicios y pecados más que otra, e muy aparejada e digna de ser traída al conocimiento de su Dios, y donde se pudieran hacer grandes ciudades de españoles y vivieran como en un paraíso terrenal (si fueran dignos della); pero no lo fueron por su gran codicia e insensibilidad e grandes pecados, como no han sido dignos de las otras partes que Dios les había en aquellas Indias demostrado.

Comenzó este tirano con trecientos hombres, que llevó consigo a hacer crueles guerras a aquellas gentes buenas, inocentes, que estaban

---

89   Apacienta las ovejas para el sacrificio, pues quienes las mataban no se dolían, sino que decían: "Bendito sea Dios porque nos hemos hecho ricos ". *(Zacharías, 11, 4)*.

90   Francisco de Montejo. (H.I. II, CI)

91   *Boja*: perímetro.

92   Las Casas evoca aquí la cultura maya.

en sus casas sin ofender a nadie, donde mató y destruyó infinitas gentes. Y porque la tierra no tiene oro, porque si lo tuviera, por sacarlo en las minas los acabara; pero por hacer oro de los cuerpos y de las ánimas de aquellos por quien Jesucristo murió, hace a barrisco[93] todos los que no mataba, esclavos, e a muchos navíos que venían al olor y fama de los esclavos enviaba llenos de gentes, vendidas por vino, y aceite, y vinagre, y por tocino, e por vestidos, y por caballos e por lo que él y ellos habían menester, según su juicio y estima.

Daba a escoger entre cincuenta y cien doncellas, una de mejor parecer que otra, cada uno la que escogese, por una arroba de vino, o de aceite, o vinagre, o por un tocino, e lo mesmo un muchacho bien dispuesto, entre ciento o doscientos escogido, por otro tanto. Y acaesció dar un muchacho, que parescía hijo de un príncipe, por un queso, e cient personas por un caballo. En estas obras estuvo desde el año de veinte y seis hasta el año de treinta y tres, que fueron siete, asolando y despoblando aquellas tierras e matando sin piedad aquellas gentes, hasta que oyeron allí las nuevas de las riquezas del Perú, que se le fué la gente española que tenía y cesó por algunos días aquel infierno; pero después tornaron sus ministros a hacer otras grandes maldades, robos y captiverios y ofensas grandes de Dios, e hoy no cesan de hacerlas e cuasi tienen despobladas todas aquellas trecientas leguas, que estaban (como se dijo) tan llenas y pobladas.

No bastaría a creer nadie ni tampoco a decirse los particulares casos de crueldades que allí se han hecho. Sólo diré dos o tres que me ocurrieron. Como andaban los tristes españoles con perros bravos buscando e aperreando los indios, mujeres y hombres, una india enferma, viendo que no podía huir de los perros, que no la hiciesen pedazos como hacían a los otros, tomó una soga y atose al pie un niño que tenía de un año y ahorcóse de una viga, e no lo hizo tan presto que no llegaran los perros y despedazaron el niño, aunque antes que acabase de morir lo bautizó un fraile.

Cuando se salían los españoles de aquel reino dijo uno a un hijo de un señor de cierto pueblo o provincia que se fuese con él; dijo el niño que no quería dejar su tierra. Responde el español: «Vete conmigo; si no, cortarte he las orejas.» Dice el muchacho que no. Saca un puñal e córtale una oreja y después la otra. Y diciéndole el muchacho que no

---

93   *A barrisco*: Sin contar; en tropel.

quería dejar su tierra, córtale las narices, riendo y como si le diera un repelón no más.

Este hombre perdido se loó e jactó delante de un venerable religioso, desvergonzadamente, diciendo que trabajaba cuanto podía por empreñar muchas mujeres indias, para que, viéndolas preñadas, por esclavas le diesen más precio de dinero por ellas.

En este reino o en una provincia de la Nueva España, yendo cierto español con sus perros a caza de venados o de conejos, un día, no hallando qué cazar, parescióle que tenían hambre los perros, y toma un muchacho chiquito a su madre e con un puñal córtale a tarazones los brazos y las piernas, dando a cada perro su parte; y después de comidos aquellos tarazones échales todo el corpecito en el suelo a todos juntos. Véase aquí cuánta es la insensibilidad de los españoles en aquellas tierras e cómo los ha traído Dios *in reprobus sensus*, y en qué estima tienen a aquellas gentes, criadas a la imagen de Dios e redimidas por su sangre. Pues peores cosas veremos abajo.

Dejadas infinitas e inauditas crueldades que hicieron los que se llaman cristianos en este reino, que no basta juicio a pensarlas, sólo con esto quiero concluirlo: que salidos todos los tiranos infernales dél con el ansia, que los tiene ciegos, de las riquezas del Perú, movióse el padre fray Jacobo[94] con cuatro religiosos de su orden de Sanct Francisco a ir aquel reino a apaciguar y predicar e traer a Jesucristo el rebusco de aquellas gentes que restaban de la vendimia infernal y matanzas tiránicas que los españoles en siete años habían perpetrado; e creo que fueron estos religiosos el año de treinta y cuatro, enviándoles delante ciertos indios de la provincia de Méjico por mensajeros, si tenían por bien que entrasen los dichos religiosos en sus tierras a darles noticia de un solo Dios, que era Dios y Señor verdadero de todo el mundo. Entraron en consejo e hicieron muchos ayuntamientos, tomadas primero muchas informaciones, qué hombres eran aquellos que se decían padres e frailes, y qué era lo que pretendían y en qué diferían de los cristianos, de quien tantos agravios e injusticias habían recebido. Finalmente, acordaron de rescibirlos con que solos ellos y no españoles allá entrasen. Los religiosos se lo prometieron, porque así lo llevaban concedido por el visorrey de la Nueva España[95] e cometido que les prometiesen que no entrarían más allí españoles, sino religiosos, ni les sería

---

94   Fray Jacobo de Testera, amigo de Las Casas. Evangelizó el Yucatán de 1536 a 1539.
95   Antonio de Mendoza fue el primer virrey de Nueva España. Llegó a fines de 1535. Favoreció la evangelización pacífica

hecho por los cristianos algún agravio.

Predicáronles el evangelio de Cristo como suelen, y la intención sancta de los reyes de España para con ellos; e tanto amor y sabor tomaron con la doctrina y ejemplo de los frailes e tanto se holgaron de las nuevas de los reyes de Castilla (de los cuales en todos los siete años pasados nunca los españoles les dieron noticia que había otro rey, sino aquél que allí los tiranizaba y destruía), que a cabo de cuarenta días que los frailes habían entrado e predicado, los señores de la tierra les trujeron y entregaron todos sus ídolos que los quemasen, y después desto sus hijos para que los enseñasen, que los quieren más que las lumbres de sus ojos, e les hicieron iglesias y templos e casas, e los convidaban de otras provincias a que fuesen a predicarles e darles noticia de Dios y de aquel que decían que era gran rey de Castilla. Y persuadidos de los frailes hicieron una cosa que nunca en las Indias hasta hoy se hizo, y todas las que fingen por algunos de los tiranos que allá han destruído aquellos reinos y grandes tierras son falsedad y mentira. Doce o quince señores de muchos vasallos y tierras, cada uno por sí, juntando sus pueblos, e tomando sus votos e consentimiento, se subjectaron de su propia voluntad al señorío de los reyes de Castilla, rescibiendo al Emperador, como rey de España, por señor supremo e universal; e hicieron ciertas señales como firmas, las cuales tengo en mi poder con el testimonio de los dichos frailes.

Estando en este aprovechamiento de la fe, e con grandísima alegría y esperanza los frailes de traer a Jesucristo todas las gentes de aquel reino que de las muertes y guerras injustas pasadas habían quedado, que aún no eran pocas, entraron por cierta parte dieciocho españoles tiranos, de caballo, e doce de pie, que eran treinta, e traen muchas cargas de ídolos tomados de otras provincias a los indios; y el capitán de los dichos treinta españoles llama a un señor de la tierra por donde entraban e dícele que tomase de aquellas cargas de ídolos y los repartiese por toda su tierra, vendiendo cada ídolo por un indio o india para hacerlo esclavo, amenazándolo que si no lo hacía que le había de hacer guerra. El dicho señor, por temor forzado, destribuyó los ídolos por toda su tierra e mandó a todos sus vasallos que los tomasen para adorarlos, e le diesen indios e indias para dar a los españoles para hacer esclavos. Los indios, de miedo, quien tenía dos hijos daba uno, e quien tenía tres daba dos, e por esta manera complían con aquel tan sacrílego comercio, y el señor o cacique contentaba los españoles si fueran cristianos.

Uno destos ladrones impíos infernales llamado Juan García[96], estando enfermo y propinco a la muerte, tenía debajo de su cama dos cargas de ídolos, y mandaba a una india que le servía que mirasen bien que aquellos ídolos que allí estaban no los diese a trueque de gallinas, porque eran muy buenos, sino cada uno por un esclavo; y, finalmente, con este testamento y en este cuidado ocupado murió el desdichado; ¿y quién duda que no esté en los infiernos sepultado?

Véase y considérese agora aquí cuál es el aprovechamiento y religión y ejemplos de cristiandad de los españoles que van a las Indias; qué honra procuran a Dios; cómo trabajan que sea conoscido y adorado de aquellas gentes; qué cuidado tienen de que por aquellas ánimas se siembre y crezca e dilate su sancta fee, e júzguese si fué menor pecado este que el de Jeroboán: *qui peccare fecit Israel*[97], haciendo los dos becerros de oro para que el pueblo adorase, o si fué igual al de Judas, o que más escándalo causase. Estas, pues, son las obras de los españoles que van a las Indias, que verdaderamente muchas e infinitas veces, por la codicia que tienen de oro, han vendido y venden hoy en este día e niegan y reniegan a Jesucristo.

Visto por los indios que no había salido verdad lo que los religiosos les habían prometido (que no habían de entrar españoles en aquellas provincias, e que los mesmos españoles les traían ídolos de otras tierras a vender, habiendo ellos entregado todos sus dioses a los frailes para que los quemasen por adorar un verdadero Dios), alborótase e indígnase toda la tierra contra los frailes e vanse a ellos diciendo: «¿Por qué nos habéis mentido, engañándonos que no habían de entrar en esta tierra cristianos? ¿Y por qué nos habéis quemado nuestros dioses, pues nos traen a vender otros dioses de otras provincias vuestros cristianos? ¿Por ventura no eran mejores nuestros dioses que los de las otras naciones?»

Los religiosos los aplacaron lo mejor que pudieron, no teniendo qué responder. Vanse a buscar los treinta españoles e dícenles los daños que habían hecho; requiérenles que se vayan: no quisieron, antes hi-

---

96 Este conquistador desconocido, de nombre y apellido muy común en España, es el único citado por Las Casas en la *Brevísima*. Como se ha notado ya, se trata de una posición deliberada del autor. Tal vez de prudencia, aunque todos los conquistadores vienen citados en la *Historia de las Indias*. Es de considerar sin embargo, que esta última obra no fue publicada en vida de Las Casas. Es claro que el príncipe Felipe, a quien dedicó la obra, conocía algunos, sino todos, los conquistadores evocados. Parecería ser la intención de Las Casas hacer patente la injusticia de las conquistas violentas, confiriendo así a su panfleto un sentido universal, pero de todos modos y a pesar de esta supuesta prudencia fue odiado y amenazado.

97 "Que hizo pecar a Israel" *(Reyes, III, 14.16)*

cieron entender a los indios que los mesmos frailes los habían hecho venir aquí, que fue malicia consumada. Finalmente, acuerdan matar los indios a los frailes; huyen los frailes una noche, por ciertos indios que los avisaron, y después de idos, cayendo los indios en la inocencia e virtud de los frailes e maldad de los españoles, enviaron mensajeros cincuenta leguas tras ellos rogándoles que se tornasen e pidiéndoles perdón de la alteración que les causaron. Los religiosos, como siervos de Dios y celosos de aquellas ánimas, creyéndoles, tornáronse a la tierra e fueron rescebidos como ángeles, haciéndoles los indios mil servicios y estuvieron cuatro o cinco meses después. Y porque nunca aquellos cristianos quisieron irse de la tierra, ni pudo el visorrey con cuanto hizo sacarlos, porque está lejos de la Nueva España (aunque los hizo apregonar por traidores), e porque no cesaban de hacer sus acostumbrados insultos y agravios a los indios, paresciendo a los religiosos que tarde que temprano con tan malas obras los indios se resabiarían e que quizá caerían sobre ellos, especialmente que no podían predicar a los indios con quietud dellos e suya, e sin continuos sobresaltos por las obras malas de los españoles, acordaron de desmamparar aquel reino, e así quedó sin lumbre y socorro de doctrina, y aquellas ánimas en la oscuridad de ignorancia e miseria que estaban, quitándoles al mejor tiempo el remedio y regadío de la noticia e conoscimiento de Dios que iban ya tomando avidísimamente, como si quitásemos el agua a las plantas recién puestas de pocos días; y esto por la inexpiable culpa e maldad consumada de aquellos españoles.

DE LA PROVINCIA DE SANCTA MARTA

La provincia de Sancta Marta[98] era tierra donde los indios tenían muy mucho oro, porque la tierra es rica y las comarcas, e tenían industria de cogerlo. Y por esta causa, desde el año de mil y cuatrocientos y noventa y ocho hasta hoy, año de mil e quinientos e cuarenta y dos, otra cosa no han hecho infinitos tiranos españoles[99] sino ir a ella con navíos y saltear e matar y robar aquellas gentes por robarles el oro que tenían y tornábanse en los navíos que iban en diversas e muchas veces, en las cuales hicieron grandes estragos y matanzas e señaladas cruel-

---

98   Provincia situada en la costa del Caribe, entre el golfo de Urabá o de Darién y él de Venzuela. (en el noroeste del territorio actual de la República de Colombia).

99   Alonso de Hojeda, Diego de Nicuesa, Vasco Núñez de Balboa, Pedrarias Dávila, García de Lerma, Pedro Fernández de Lugo, Alonso Luis de Lugo, etc.

dades, y esto comúnmente a la costa de la mar e algunas leguas la tierra dentro, hasta el año de mil e quinientos e veinte y tres. El año de mil e quinientos e veinte y tres fueron tiranos españoles a estar de asiento allá; y porque la tierra, como dicho es, era rica, suscedieron diversos capitanes, unos más crueles que otros, que cada uno parecía que tenía hecha profesión de hacer más exorbitantes crueldades y maldades que el otro, porque saliese verdad la regla que arriba pusimos.

El año de mil e quinientos e veinte y nueve, fué un gran tirano muy de propósito y con mucha gente, sin temor alguno de Dios ni compasión de humano linaje, el cual hizo con ella tan grandes estragos, matanzas e impiedades, que a todos los pasados excedió: robó él y ellos muchos tesoros en obra de seis o siete años que vivió. Después de muerto sin confesión, y aun huyendo de la residencia que tenía, suscedieron otros tiranos matadores y robadores, que fueron a consumir las gentes que de las manos y cruel cuchillo de los pasados restaban. Extendiéronse tanto por la tierra dentro, vastando y asolando grandes e muchas provincias, matando y captivando las gentes dellas, por las maneras susodichas de las otras, dando grandes tormentos a señores y a vasallos, porque descubriesen el oro y los pueblos que lo tenían, excediendo como es dicho en las obras y número e calidad a todos los pasados; tanto que desde el año dicho, de mil e quinientos y veinte y nueve[100] hasta hoy, han despoblado por aquella parte más de cuatrocientas leguas de tierra que estaba así poblada como las otras.

Verdaderamente afirmo que si en particular hobiera de referir las maldades, matanzas, despoblaciones, injusticias, violencias, estragos y grandes pecados que los españoles en estos reinos de Sancta Marta han hecho y cometido contra Dios, e contra el rey, e aquellas innocentes naciones, yo haría una muy larga historia; pero esto quedarse ha para su tiempo si Dios diere la vida[101]. Sólo quiero aquí decir unas pocas de palabras de las que escribe agora al Rey nuestro señor el obispo de aquella provincia[102], y es la hecha de la carta a veinte de mayo del año de mil e quinientos e cuarenta y uno, el cual entre otras palabras dice así:

---

100   Las Casas tiene ya ideada una historia dilatada que quiere escribir y que será su *Historia de las Indias,* en la cual, sin embargo, no dará pormenores sobre esta región ni sobre este período, pues tuvo que reducirla a las tres primeras décadas.

101   Las Casas parece tener menos informaciones sobre la provincia de Santa Marta que sobre otras regiones. En efecto, Rodrigo de Bastidas fundó en 1525 la ciudad de Santa Marta. Murió en Santiago de Cuba a consecuencia de heridas sufridas en un atentado provocado por uno de sus compañeros. El gobernaor que le sustituyó en 1529, fue García de Lerma, el cual murió en la pobreza en 1532. Aunque se puede considerar que se cometieron desmanes y agravios durante este período, no se puede considerar que ni Bastidas ni Lerma se puedan tachar de tiranos.

102   Fray Juan Fernández de Angulo. La carta es del 20 de mayo de 1540 (y no de 1541).

«Digo, sagrado César, que el medio para remediar esta tierra es que vuestra Majestad la saque ya de poder de padrastros y le dé marido que la tracte como es razón y ella merece; y éste, con toda brevedad, porque de otra manera, según la aquejan e fatigan estos tiranos que tienen encargamiento della, tengo por cierto que muy aína dejará de ser, etcétera». Y más abajo dice: «Donde conoscerá vuestra Majestad claramente cómo los que gobiernan por estas partes merescen ser desgobernados para que las repúblicas se aliviasen. Y si esto no se hace, a mi ver, no tienen cura sus enfermedades. Y conoscerá también cómo en estas partes no hay cristianos, sino demonios; ni hay servidores de Dios ni de rey, sino traidores a su ley y a su rey. Porque en verdad quel mayor inconveniente que yo hallo para traer los indios de guerra y hacerlos de paz, y a los de paz al conoscimiento de nuestra fe, es el áspero e cruel tractamiento que los de paz resciben de los cristianos. Por lo cual están tan escabrosos e tan avispados que ninguna cosa les puede ser más odiosa ni aborrecible que el nombre de cristianos. A los cuales ellos en toda esta tierra llaman en su lengua *yares*, que quiere decir demonios: e sin duda ellos tienen razón, porque las obras que acá obran ni son de cristianos ni de hombres que tienen uso de razón, sino de demonios, de donde nace que como los indios veen este obrar mal e tan sin piedad generalmente, así en las cabezas como en los miembros, piensan que los cristianos lo tiene por ley y es autor dello su Dios y su rey. Y trabajar de persuadirles otra cosa es querer agotar la mar y darles materia de reír y hacer burla y escarnio de Jesucristo y su ley. Y como los indios de guerra vean este tratamiento que se hace a los de paz, tienen por mejor morir de una vez que no de muchas en poder de españoles. Sélo esto, invictísimo César, por experiencia etcétera.» Dice más abajo, en un capítulo: «Vuestra Majestad tiene más servidores por acá de los que piensa, porque no hay soldados de cuantos acá están que no osen decir públicamente que si saltea o roba, o destruye, o mata, o quema los vasallos de vuestra Majestad porque le den oro, sirve a vuestra Majestad, a título que dice que de allí le viene su parte a vuestra Majestad[103]. Y, por tanto, sería bien, cristianísimo César, que vuestra Majestad diese a entender, castigando algunos rigurosamente, que no rescibe servicio en cosa que Dios es deservido.»

---

103   Se trata del "quinto real". La Corona exigía la quinta parte de las riquezas conseguidas, de un modo u otro, por los conquistadores, administradores, etc., en las Indias occidentales.

Todas las susodichas son formales palabras del dicho obispo de Sancta Marta, por las cuales se verá claramente lo que hoy se hace en todas aquellas desdichadas tierras y contra aquellas inocentes gentes. Llama indios de guerra los que están y se han podido salvar, huyendo de las matanzas de los infelices españoles, por los montes. Y los de paz llama los que, después de muertas infinitas gentes, ponen en la tiránica y horrible servidumbre arriba dicha, donde al cabo los acaban de asolar y matar, como parece por las dichas palabras del obispo; y en verdad que explica harto poco lo que aquéllos padecen.

Suelen decir los indios de aquella tierra, cuando los fatigan llevándolos con cargas por las sierras, si caen y desmayan de flaqueza e trabajo, porque allí les dan de coces y palos e les quiebran los dientes con los pomos de las espadas porque se levanten y anden sin resollar: «Andá, que sois malos; no puedo más; mátame aquí, que aquí quiero quedar muerto». Y esto dícenlo con grandes sospiros y apretamiento del pecho mostrando grande angustia y dolor. ¡Oh, quién pudiese dar a entender de cient partes una de las afliciones e calamidades que aquellas innocentes gentes por los infelices españoles padecen! Dios sea, aquel que lo dé a entender a los que lo puedan y deben remediar.

De la Provincia de Cartagena

Esta provincia de Cartagena[104] está más abajo cincuenta leguas de la de Sancta Marta, hacia el Poniente, e junto con ella la del Cenú hasta el golfo de Urabá, que ternán sus cient leguas de costa de mar, e mucha tierra la tierra dentro, hacia el Mediodía. Estas provincias han sido tractadas, angustiadas, muertas, despobladas y asoladas, desde el año de mil e cuatrocientos y noventa y ocho o nueve hasta hoy, como las de Sancta Marta, y hechas en ellas muy señadas crueldades y muertes y robos por los españoles[105], que por acabar presto esta breve suma no quiero decir en particular, y por referir las maldades que en otras agora se hacen.

---

104   Cartagena de Indias, puerto sobre la costa de la actual Colombia, fue fundada en 1533 por Pedro de Heredia.

105   Juan de la Cosa, Cristóbal Guerra, Alonso de Hojeda, Diego Nicuesa. En la *Historia de las Indias* cuenta Las Casas las peleas de Juan de la Cosa y de Alonso de Hojeda con los indios y sus flechas envenenadas. *(II, LVII* y siguientes).

De la Costa de las Perlas y de Paria y la Isla de la Trinidad

Desde la costa de Paria hasta el golfo de Venezuela, exclusive, que habrá docientas leguas, han sido grandes e señaladas las destruiciones que los españoles han hecho en aquellas gentes, salteándolos y tomándolos los más que podían a vida para venderlos por esclavos. Muchas veces, tomándolos sobre seguro y amistad que los españoles habían con ellos tratado, no guardándoles fee ni verdad, rescibiéndolos en sus casas como a padres y a hijos, dándoles y sirviéndoles con cuanto tenían y podían. No se podrían, cierto, fácilmente decir ni encarecer, particularizadamente, cuáles y cuántas han sido las injusticias, injurias, agravios y desafueros que las gentes de aquella costa de los españoles han recebido desde el año de mil e quinientos y diez hasta hoy. Dos o tres quiero decir solamente, por las cuales se juzguen otras innumerables en número y fealdad que fueron dignas de todo tormento y fuego.

En la isla de la Trinidad, que es mucho mayor que Sicilia e más felice, questá pegada con la tierra firme por la parte de Paria, e que la gente della es de la buena y virtuosa en su género que hay en todas las Indias, yendo a ella un salteador[106] el año de mil e quinientos e dieciséis con otros sesenta o setenta acostumbrados ladrones, publicaron a los indios que se venían a morar y vivir a aquella isla con ellos. Los indios rescibiéronlos como si fueran sus entrañas e sus hijos, sirviéndoles señores e súbditos con grandísima afección y alegría, trayéndoles cada día de comer tanto que les sobraba para que comieran otros tantos; porque esta es común condición e liberalidad de todos los indios de aquel Nuevo Mundo: dar excesivamente lo que han menester los españoles e cuanto tienen. Hácenles una gran casa de madera en que morasen todos, porque así la quisieron los españoles, que fuese una no más, para hacer lo que pretendía hacer e hicieron.

---

106   "Un vizcaíno, llamado Joan Bono (a quien no le pertenecía más el bono que al negro Joan Blanco), famoso pirata y salteador y robador de indios.(.....) En la isla que llaman de la Trinidad, ..tuvo cierta industria Joan Bono y sus consortes, de convocar toda la más gente del pueblo, hombres y mujeres, que entrasen dentro (de una gran casa) a ver lo que se hacía; los cuales entrados, que serían, según estimo, más de cuatrocientos, con mucho placer y alegría, cercan toda la casa por defuera algunos de los nuestros con sus espadas sacadas, y Joan Bono con ciertos dellos entran por la puerta con las suyas desenvainadas, diciéndoles que no se moviesen, si no, que los matarían.

Los indios, desnudos, en cueros, viendo las espadas, temiendo menos la muerte que el captiverio, arremeten con gran ímpetu a la puerta, metiéndose por las espadas, por salvarse como quiera que fuese, y a sus mujeres e hijos. Joan Bono y todos los que con él estaban, desbarrigaban cuantos podían; a unos tendían con estocadas, a otros cortaban brazos, a otros piernas y a otros lastimaban con terribles heridas. Alguna gente de los hombres y de las mujeres y niños que allí estaban, que no forcejaron a salir, viendo la sangre de los que aquí caían, estuvieron tremebundos esperando la muerte, creyendo que en aquello pararían, dando terribles alaridos; pero no pararon sino en maniatallos para los traer por esclavos, que era el fin de Joan Bono y de su cofradía; y creo que fueron los que allí ataron y llevaron al navío ciento y ochenta y cinco."

(Historia de las Indias, III, XCI).

Al tiempo que ponían la paja sobre las varas o madera e habían co-
brido obra de dos estados, porque los de dentro no viesen a los de fuera,
so color de dar priesa a que se acabase la casa, metieron mucha gente
dentro della, e repartiéronse los españoles, algunos fuera, alrededor
de la casa con sus armas, para los que se saliesen, y otros dentro. Los
cuales echan mano a las espadas e comienzan a amenazar a los indios
desnudos que no se moviesen, si no, que los matarían, e comenzaron a
atar, y otros que saltaron para huir, hicieron pedazos con las espadas.
Algunos que salieron heridos y sanos e otros del pueblo que no habían
entrado, tomaron sus arcos e flechas e recógense a otra casa del pueblo
para se defender, donde entraron ciento o doscientos dellos e defen-
diendo la puerta; pegan los españoles fuego a la casa e quémanlos todos
vivos. Y con su presa, que sería de ciento y ochenta o docientos hombres
que pudieron atar, vanse a su navío y alzan las velas e van a la isla de
San Juan, donde venden la mitad por esclavos, e después a la Española,
donde vendieron la otra.

Reprendiendo yo al capitán desta tan insigne traición e maldad, a
la sazón en la mesma isla de Sant Juan, me respondió: «Andá señor, que
así me lo mandaron e me lo dieron por instrucción los que me enviaron,
que cuando no pudiese tomarlos por guerra que los tomase por paz». Y
en verdad que me dijo que en toda su vida había hallado padre ni madre,
sino en la isla de la Trinidad, según las buenas obras que los indios le
habían hecho esto dijo para mayor confusión suya e agravamiento de su
pecados. Destas han hecho en aquella tierra firme infinitas, tomándolos
e captivándolos sobre seguro. Véase qué obras son estas y si aquellos
indios ansí tomados si serán justamente hechos esclavos.

Otra vez acordando los frailes de Sancto Domingo, nuestra orden,
de ir a predicar e convertir aquellas gentes que carescían de remedio e
lumbre de doctrina para salvar sus ánimas, como lo están hoy las Indias,
enviaron un religioso presentado en teología de gran virtud y sanc-
tidad, con un fraile lego su compañero, para que viese la tierra y
tractase la gente e buscase lugar apto para hacer monasterios[107]. Llegados los religiosos, recibiéronlos los indios como ángeles del cielo y
óyenlos con gran afección y atención e alegría las palabras que pudieron
entonces darles a entender, más por señas que por habla, porque no
sabían la lengua. Acaesció venir por allí un navío, después de ido el que

---

107   San Juan de Puerto Rico, donde estuvo Las Casas cuando viajó con los jerónimos nom-
      brados por el cardenal de Cisneros (1516-1517).

allí los dejó; y los españoles dél, usando de su infernal costumbre, traen por engaño, sin saberlo los religiosos, al señor de aquella tierra, que se llamaba don Alonso, o que los frailes le habían puesto este nombre, o otros españoles, porque los indios son amigos e codiciosos de tener nombre de cristiano e luego lo piden que se lo den, aun antes que sepan nada para ser bautizados. Así que engañan al dicho don Alonso para que entrase en el navío con su mujer e otras ciertas personas, y que les harían allá fiesta. Finalmente, que entraron diez y siete personas con el señor y su mujer, con confianza que los religiosos estaban en su tierra y que los españoles por ellos no harían alguna maldad, porque de otra manera no se fiaran dellos. Entrados los indios en el navío, alzan las velas los traidores e viénense a la isla Española y véndenlos por esclavos.

Toda la tierra, como veen su señor y señora llevados, vienen a los frailes e quiérenlos matar. Los frailes, viendo tan gran maldad, queríanse morir de angustia, y es de creer que dieran antes sus vidas que fuera tal injusticia hecha, especialmente porque era poner impedimento a que nunca aquellas ánimas pudiesen oír ni creer la palabra de Dios. Apaciguáronlos lo mejor que pudieron y dijéronles que con el primer navío que por allí pasase escribirían a la isla Española, y que harían que les tornasen su señor y los demás que con él estaban. Trujo Dios por allí luego un navío para más confirmación de la damnación de los que gobernaban, y escribieron a los religiosos de la Española: en él claman, protestan una y muchas veces; nunca quisieron los oidores hacerles justicia, porque entre ellos mesmos estaban repartidos parte de los indios que ansí tan injusta y malamente habían prendido los tiranos.

Los dos religiosos, que habían prometido a los indios de la tierra que dentro de cuatro meses venía su señor don Alonso con los demás, viendo que ni en cuatro ni en ocho vinieron, aparejáronse para morir y dar la vida a quien la habían ya antes que partiesen ofrecido. Y así los indios tomaron venganza dellos justamente matándolos, aunque innocentes, porque estimaron que ellos habían sido causa de aquella traición; y porque vieron que no salió verdad lo que dentro de los cuatro meses les certificaron e prometieron; y porque hasta entonces ni aun hasta agora no supieron ni saben hoy que haya diferencia de los frailes a los tiranos y ladrones y salteadores españoles por toda aquella tierra. Los bienaventurados frailes padescieron injustamente, por la cual injusticia ninguna duda hay que, según nuestra fee sancta, sean verdaderos mártires e reinen hoy con Dios en los cielos, bienaventurados, como quiera que allí fuesen enviados por la obediencia y llevasen intención de predicar e dilatar la sancta fee e salvar todas aquellas ánimas, e padescer cualesquiera trabajos y muerte que se les ofresciese por Jesucristo crucificado.

Otra vez, por las grandes tiranías y obras nefandas de los cristianos malos, mataron los indios otros dos frailes de Sancto Domingo, e uno de Sant Francisco, de que yo soy testigo, porque me escapé de la mesma muerte por milagro divino[106], donde había harto que decir para espantar los hombres según la gravedad e horribilidad del caso. Pero por ser largo no lo quiero aquí decir hasta su tiempo, y el día del juicio será más claro, cuando Dios tomare venganza de tan horribles e abominables insultos como hacen en las Indias los que tienen nombre de cristianos.

Otra vez, en estas provincias, al cabo que dicen de la Codera, estaba un pueblo cuyo señor se llamaba Higueroto, nombre propio de la persona o común de los señores dél. Este era tan bueno e su gente tan virtuosa, que cuantos españoles por allí en los navíos venían hallaban reparo, comida, descanso y todo consuelo y refrigerio, e muchos libró de la muerte que venían huyendo de otras provincias donde habían salteado y hecho muchas tiranías e males, muertos de hambre, que los reparaba y enviaba salvos a la isla de las Perlas[107], donde había po-

---

106 Se refiere a fray Francisco de Córdoba ("presentado", o sea licenciado) y de fray Juan Garcés, ardientes defensores de los indios.

" El lego fray Juan Garcés, de quien dijimos arriba, que siendo seglar en esta isla, fue uno de los matadores y asoladores della; también había muerto a su mujer; el cual, después que recibió el hábito, había aprobado en la religión muy bien y hecho voluntaria gran penitencia".

(Historia de las Indias, III, XXIII).

Se trata del malogrado intento de colonización pacífica de Cumaná iniciada en enero de 1522. Mientras navegaba hacia Santo Domingo donde iba a denunciar laos estragos de los colonos de Cubagua, Las Casas se enteró del asesinato de tres criados suyos y de un franciscano a manos de los indios quienes equivocadamente los consideraron cómplices de los demás colonos.

" Después de partido el clérigo (Las Casas), lo primero que hizo Francisco de Soto, el que en su lugar dejó, fue luego enviar los navíos, uno a una parte y otro a otra parte de la costa, abajo y arriba, a resgatar oro o perlas y también se creyó que esclavos, si haberlos pudiera. Los indios de la tierra, o por los insultos que se les habían hecho por los españoles, antes que el clérigo se partiese, o por los que después de partido les hicieron, o por la infidelidad dellos mismos, por la cual no merecieron vivir sin aquellas zozobras e impedimentos para que a Dios cognocieran, determináronse de matar la gente del clérigo y a los frailes y a cuantos españoles pudiesen haber. (....) Luego, desde a diez o quince días, muertos los susodichos y alazada la tierra, vinieron los navíos que a la sazón cargaban de sal, y en ellos los frailes y los demás que escaparon, y dieron nuevas en esta ciudad de lo acaecido, y comienzan en el vulgo a publicar que los indios de las perlas habían muerto al clérigo Casas y a todos cuantos estaban con él; nuevas que a muchos agradaron y a pocos desplugüieron, porque se les quitase aquel tan cierto impedimento que tenían del cumplimiento de sus deseos, y porque tenían ya por cierta la guerra contra aquellos indios de aquella tierra para hacer esclavos, que era y es hoy de todos su pío."

(Historia de las Indias, III, CLIX).

107 Cubagua, cercana a la isla Margarita. Μαργαριτα es el término griego para "perla".

blación de cristianos, que los pudiera matar sin que nadie los supiera y no lo hizo; e, finalmente, llamaban todos los cristianos a aquel pueblo de Higueroto el mesón y casa de todos.

Un malaventurado tirano acordó de hacer allí salto, como estaban aquellas gentes tan seguras. Y fue allí con un navío e convidó a mucha gente que entrase en el navío, como solía entrar y fiarse en los otros. Entrados muchos hombres e mujeres y niños alzó las velas e vínose a la isla de Sant Juan, donde los vendió todos por esclavos, e yo llegué entonces a la dicha isla e vide al dicho tirano, y supe allí lo que había hecho. Dejó destruído todo aquel pueblo, y a todos los tiranos españoles que por aquella costa robaban e salteaban les pesó y abominaron este tan espantoso hecho, por perder el abrigo y mesón que allí tenían como si estuvieran en sus casas.

Digo que dejo de decir inmensas maldades e casos espantosos que desta manera por aquellas tierras se han hecho e hoy en este día hacen. Han traído a la isla Española y a la de Sant Juan, de toda aquella costa, que estaba poblatísima, más de dos cuentos de ánimas salteadas, que todas también las han muerto en las dichas islas, echándolos a las minas y en los otros trabajos, allende de las multitudes que en ellas, como arriba decimos, había. Y es una gran lástima y quebramiento de corazón de ver aquella costa de tierra felicísima toda desierta y despoblada.

Es esta averiguada verdad, que nunca traen navío cargado de indios, así robados y salteados, como he dicho, que no echan a la mar muertos la tercia parte de los que meten dentro, con los que matan por tomarlos en sus tierras. La causa es porque como para conseguir su fin es menester mucha gente para sacar más dineros por más esclavos, e no llevan comida ni agua sino poca, por no gastar los tiranos que se llaman armadores, no basta apenas sino poco más de para los españoles que van en el navío para saltear y así falta para los tristes, por lo cual mueren de hambre y sed, y el remedio es dar con ellos en la mar. Y en verdad que me dijo hombre dellos que desde las islas de los Lucayos, donde se hicieron grandes estragos desta manera, hasta la isla Española, que son sesenta o setenta leguas, fuera un navío sin aguja y sin carta de marear, guiándose solamente por el rastro de los indios que quedaban en la mar echados del navío muertos.

Después, desque los desembarcaran en la isla donde los llevan a vender, es para quebrar el corazón de cualquiera que alguna señal de piedad tuviere, verlos desnudos y hambrientos, que se caían de desmayados de hambre niños y viejos, hombres y mujeres. Después, como a unos corderos los apartan padres de hijos e mujeres de maridos, haciendo manadas dellos de a diez y de a veinte personas y echan suertes sobrellos, para que lleven sus partes los infelices armadores, que son los que ponen su parte de dineros para hacer el armada de dos y de tres navíos, e para los tiranos salteadores que van a tomarlos y saltearlos en sus casas. Y cuando cae la suerte en la manada donde hay algún viejo o enfermo, dice el tirano a quien cabe: «Este viejo dadlo al diablo. ¿Para qué me lo dais, para que lo entierre? Este enfermo ¿para qué lo tengo que llevar, para curarlo?» Véase aquí en qué estiman los españoles a los indios e si cumplen el precepto divino del amor del prójimo, donde pende la Ley y los Profetas.

La tiranía que los españoles ejercitan contra los indios en el sacar o pescar de las perlas es una de las crueles e condenadas cosas que pueden ser en el mundo. No hay vida infernal y desesperada en este siglo que se le pueda comparar, aunque la de sacar el oro en las minas sea en su género gravísima y pésima. Métenlos en la mar en tres y en cuatro e cinco brazas de hondo, desde la mañana hasta que se pone el sol; están siempre debajo del agua nadando, sin resuello, arrancando las ostras donde se crían las perlas. Salen con unas redecillas llenas dellas a lo alto y a resollar, donde está un verdugo español en una canoa o barquillo, e si se tardan en descansar les da de puñadas y por los cabellos los echa al agua para que tornen a pescar. La comida es pescado, y del pescado que tienen las perlas, y pan cazabi, e algunos maíz (que son los panes de allá): el uno de muy poca sustancia y el otro muy trabajoso de hacer, de los cuales nunca se hartan. Las camas que les dan a la noche es echarlos en un cepo en el suelo, porque no se les vayan. Muchas veces, zabúllense en la mar a su pesquería o ejercicio de las perlas y nunca tornan a salir (porque los tiburones e marrajos, que son dos especies de bestias marinas crudelísimas que tragan un hombre entero, los comen y matan).

Véase aquí si guardan los españoles, que en esta granjería de perlas andan desta manera, los preceptos divinos del amor de Dios y del prójimo, poniendo en peligro de muerte temporal y también del ánima, porque mueren sin fe e sin sacramentos, a sus prójimos por su propia codicia. Y lo otro, dándoles tan horrible vida hasta que los acaban e consumen en breves días. Porque vivir los hombres debajo del agua sin resuello es imposible mucho tiempo, señaladamente que la frialdad continua del agua los penetra, y así todos comúnmente mueren de echar sangre por la boca, por el apretamiento del pecho que hacen por causa de estar tanto tiempo e tan continuo sin resuello, y de cámaras que causa la frialdad. Conviértense los cabellos, siendo ellos de su natura negros, quemados como pelos de lobos marinos, y sáleles por la espalda salitre, que no parecen sino monstruos en naturaleza de hombres de otra especie.

En este incomportable trabajo, o por mejor decir ejercicio del infierno, acabaron de consumir a todos los indios lucayos que había en las islas cuando cayeron los españoles en esta granjería; e valía cada uno cincuenta y cient castellanos, y los vendían públicamente, aun habiendo sido prohibido por las justicias mesmas, aunque injustas por otra parte, porque los lucayos eran grandes nadadores. Han muerto también allí otros muchos sinnúmero de otras provincias y partes.

Del Río Yuyapari

Por la provincia de Paria sube un río que se llama Yuyapari[108], más de docientas leguas la tierra arriba; por él subió un triste tirano muchas leguas el año de mil e quinientos e veinte y nueve con cuatrocientos o más hombres, e hizo matanzas grandísimas, quemando vivos y metiendo a espada infinitos innocentes que estaban en sus tierras y casas sin hacer mal a nadie, descuidados, e dejó abrasada e asombrada y ahuyentada muy gran cantidad de tierra. Y, en fin, él murió mala muerte y desbaratóse su armada; y después, otros tiranos sucedieron en aquellos males e tiranías, e hoy andan por allí destruyendo e matando e infernando las ánimas que el Hijo de Dios redimió con su sangre.

---

108   Se trata del río Orinoco.

DEL REINO DE VENEZUELA[109]

En el año de mil e quinientos e veinte y seis, con engaños y persuasiones dañosas que se hicieron al Rey nuestro señor, como siempre se ha trabajado de le encubrir la verdad de los daños y perdiciones que Dios y las ánimas y su estado rescibían en aquellas Indias, dió e concedió un gran reino, mucho mayor que toda España, que es el de Venezuela, con la gobernación e jurisdición total, a los mercaderes de Alemania, con cierta capitulación e concierto o asiento que con ellos se hizo[110]. Estos, entrados con trecientos hombres o más en aquellas tierras, hallaron aquellas gentes mansísimas ovejas, como y mucho más que los otros las suelen hallar en todas las partes de las Indias antes que les hagan daño los españoles. Entraron en ellas, más pienso, sin comparación, cruelmente que ninguno de los otros tiranos que hemos dicho, e más irracional e furiosamente que crudelísimos tigres y que rabiosos lobos y leones. Porque con mayor ansia y ceguedad rabiosa de avaricia y, más exquisitas maneras e industrias para haber y robar plata y oro que todos los de antes, pospuesto todo temor a Dios y al rey e vergüenza de las gentes, olvidados que eran hombres mortales, como más libertados, poseyendo toda la jurisdicción de la tierra, tuvieron.

Han asolado, destruído y despoblado estos demonios encarnados más de cuatrocientas leguas de tierras felicísimas, y en ellas grandes y admirables provincias, valles de cuarenta leguas, regiones amenísimas, poblaciones muy grandes, riquísimas de gentes y oro. Han muerto y despedazado totalmente grandes y diversas naciones, muchas lenguas que no han dejado persona que las hable, si no son algunos que se habrán metido en las cavernas y entrañas de la tierra huyendo de tan extraño e pestilencial cuchillo. Más han muerto y destruído y echado a los infiernos de aquellas innocentes generaciones, por estrañas y varias y nuevas maneras de cruel iniquidad e impiedad (a lo que creo) de cuatro y cinco cuentos de ánimas; e hoy, en este día, no cesan actualmente de las echar. De infinitas e inmensas injusticias, insultos y estragos que han hecho e hoy hacen, quiero decir tres o cuatro no más,

---

109 En la primera mitad del siglo XVI se llamaba "reino de Venezuela" la parte occidental del actual Venezuela. La capital era Coro, ciudad fundada en 1527 por Juan de Ampiés. La parte oriental se llamaba Cumaná o Paria.

110 Carlos V concedió un "asiento"(que duró hasta 1556) para la conquista a los banqueros alemanes de Ausgsburgo, los Welser (castellanizados en Bélzares), rivales de los Fugger. Ambrosio Alfinger (o Ehinger) llegó a Coro en 1529 para sustituir al gobernador Juan de Ampiés. El más conocido de los conquistadores alemanes fue Nicolás Federmann, autor de un relato de sus viajes (*Historia Indiana,* 1557). Se fue de Coro en busca de El Dorado y se encontró en la meseta de Bogotá al mismo tiempo que Jiménez de Quesada que venía de Santa María y que Sebastián de Belalcázar que había salido de Quito.

por los cuales se podrán juzgar los que, para efectuar las grandes destruiciones y despoblaciones que arriba decimos, pueden haber hecho.

Prendieron al señor supremo de toda aquella provincia sin causa
ninguna, más de por sacalle oro dándole tormentos; soltóse y huyó, e
fuése a los montes y alborotóse, e amedrentóse toda la gente de la tierra,
escondiéndose por los montes y breñas; hacen entradas los españoles
contra ellos para irlos a buscar; hállanlos; hacen crueles matanzas, e
todos los que toman a vida véndenlos en públicas almonedas por esclavos. En muchas provincias, y en todas donde quiera que llegaban,
antes que prendiesen al universal señor, los salían a rescibir con can-
tares y bailes e con muchos presentes de oro en gran cantidad; el pago
que les daban, por sembrar su temor en toda aquella tierra, hacíalos
meter a espada e hacerlos pedazos.

Una vez, saliéndoles a rescibir de la manera dicha, hace el capitán
alemán tirano[111], meter en una gran casa de paja mucha cantidad de gente
y hácelos hacer pedazos. Y porque la casa tenía unas vigas en lo alto, su-
biéronse en ellas mucha gente huyendo de las sangrientas manos de
aquellos hombres o bestias sin piedad y de sus espadas: mandó el infernal
hombre pegar fuego a la casa, donde todos los que quedaron fueron quemados vivos. Despoblóse por esta causa gran número de pueblos, hu-
yéndose toda la gente por las montañas, donde pensaban salvarse.

Llegaron a otra gran providencia, en los confines de la provincia e
reino de Sancta Marta; hallaron los indios en sus casas, en sus pueblos
y haciendas, pacíficos e ocupados. Estuvieron mucho tiempo con ellos
comiéndoles sus haciendas e los indios sirviéndoles como si las vidas y
salvación les hobieran de dar, e sufriéndoles sus continuas opresiones e
importunidades ordinarias, que son intolerables, y que come más un
tragón español en un día que bastaría para un mes en una casa donde
haya diez personas de indios. Diéronles en este tiempo mucha suma de
oro, de su propia voluntad, con otras innumerables buenas obras que
les hicieron. Al cabo que ya se quisieron los tiranos ir, acordaron de
pagarles las posadas por esta manera. Mandó el tirano alemán, gobernador (y también, a lo que creemos, hereje, porque ni oía misa ni la
dejaba de oír a muchos, con otros indicios de luterano que se le conos-
cieron[112]), que prendiesen a todos los indios con sus mujeres e hijos que

---

111 Puede tratarse de Nicolás Federmann o de Ambrosio Alfinger o de Jorge Spira (Spier).
112 Ambrosio Eingher (Micer Ambrosio). Es de notar que Las Casas denuncia los estragos
     cometidos por los alemanes lo mismo que lo hace para los españoles. Todos los conquis-
     tadores, de cualquier nacionalidad, se portaron de la misma manera. Además, la acu-
     sación de herejía luterana, los coloca definitivamente en el partido de los demonios. Hay
     que considerar que la mayoría de los soldados de dichas expediciones eran españoles.

pudieron, e métenlos en un corral grande o cerca de palos que para ellos se hizo, e hízoles saber que el que quisiese salir y ser libre que se había de rescatar de voluntad del inicuo gobernador, dando tanto oro por sí e tanto por su mujer e por cada hijo. Y por más los apretar mandó que no les metiesen alguna comida hasta que les trujesen el oro que les pedía por su rescate. Enviaron muchos a sus casas por oro y rescatábanse según podían; soltábamos e íbanse a sus labranzas y casas a hacer su comida: enviaba el tirano ciertos ladrones salteadores españoles que tornasen a prender los tristes indios rescatados una vez; traíanlos al corral, dábanles el tormento de la hambre y sed hasta que otra vez se rescatasen. Hobo destos muchos que dos o tres veces fueron presos y rescatados; otros que no podían ni tenían tanto, porque le habían dado todo el oro que poseían, los dejó en el corral perecer hasta que murieron de hambre.

Desta dejó perdida y asolada y despoblada una provincia riquísima de gente y oro que tiene un valle de cuarenta leguas, y en ella quemó pueblo que tenía mil casas.

Acordó este tirano infernal de ir la tierra dentro, con codicia e ansia de descubrir por aquella parte el infierno del Perú. Para este infelice viaje llevó él y los demás infinitos indios cargados con cargas de tres y cuatro arrobas, ensartados en cadenas. Cansábase alguno o desmayaba de hambre y del trabajo e flaqueza. Cortábanle luego la cabeza por la collera de la cadena, por no pararse a desensartar los otros que iban en los colleras de más afuera, e caía la cabeza a una parte y el cuerpo a otra e repartían la carga de éste sobre las que llevaban los otros. Decir las provincias que asoló, las ciudades e lugares que quemó, porque son todas las casas de paja; las gentes que mató, las crueldades que en particulares matanzas que hizo perpetró en este camino, no es cosa creíble, pero espantable y verdadera. Fueron por allí después, por aquellos caminos, otros tiranos que sucedieron de la mesma Venezuela, e otros de la provincia de Sancta Marta, con la mesma sancta intención de descubrir aquella casa sancta del oro del Perú, y hallaron toda la tierra más de docientas leguas tan quemada y despoblada y desierta, siendo poblatísima e felicísima como es dicho, que ellos mesmos, aunque tiranos e crueles, se admiraron y espantaron de ver el rastro por donde aquél había ido, de tan lamentable perdición.

Todas estas cosas están probadas con muchos testigos por el fiscal del Consejo de las Indias, e la probanza está en el mesmo Consejo, e nunca quemaron vivos a ningunos destos tan nefandos tiranos. Y no es nada lo que está probado con los grandes estragos y males que aquellos han hecho, porque todos los ministros de la justicia que hasta hoy han tenido en las Indias, por su grande y mortífera ceguedad no se han ocupado en examinar los delictos y perdiciones e matanzas que han hecho e hoy hacen todos los tiranos de las Indias, sino en cuanto dicen que por haber fulano y fulano hecho crueldades a los indios ha perdido el rey de sus rentas tantos mil castellanos; y para argüir esto poca probanza y harto general e confusa les basta. Y aun esto no saben averiguar, ni hacer, ni encarecer como deben, porque si hiciesen lo que deben a Dios y al rey hallarían que los dichos tiranos alemanes más han robado al rey de tres millones de castellanos de oro. Porque aquellas provincias de Venezuela, con las que más han estragado, asolado y despoblado más de cuatrocientas leguas (como dije), es la tierra más rica y más próspera de oro y era de población que hay en el mundo. Y más renta le han estorbado y echado a perder, que tuvieran los reyes de España de aquel reino, de dos millones, en diez y seis años que ha que los tiranos enemigos de Dios y del rey las comenzaron a destruir. Y estos daños, de aquí a la fin del mundo no hay esperanza de ser recobrados, si no hiciese Dios por milagro resuscitar tantos cuentos de ánimas muertas. Estos son los daños temporales del rey: sería bien considerar qué tales y qué tantos son los daños, deshonras, blasfemias, infamias de Dios y de su ley, y con qué se recompensarán tan innumerables ánimas como están ardiendo en los infiernos por la codicia e inhumanidad de aquestos tiranos animales o alemanes.

Con sólo esto quiero su infidelidad e ferocidad concluir: que desde que en la tierra entraron hasta hoy, conviene a saber, estos diez y seis años, han enviado muchos navíos cargados e llenos de indios por la mar a vender a Sancta Marta e a la isla Española e Jamaica y la isla de Sant Juan por esclavos, más de un cuento de indios, e hoy en este día los envían, año de mil e quinientos e cuarenta y dos, viendo y disimulando el Audiencia real de la isla Española, antes favoresciéndolo, como todas las otras infinitas tiranías e perdiciones (que se han hecho en toda aquella costa de tierra firme, que son más de cuatrocientas leguas que han estado e hoy están estas de Venezuela y Sancta Marta debajo de su jurisdición) que pudieran estorbar e remediar. Todos estos indios no ha habido más causa para los hacer esclavos de sola perversa, ciega e obstinada voluntad, por cumplir con su insaciable codicia de dineros de aquellos avarísimos tiranos como todos los otros siempre en todas las Indias han hecho, tomando aquellos corderos y ovejas de sus casas e a sus mujeres e hijos por las maneras crueles y nefarias ya dichas, y echarles el hierro del rey para venderlos por esclavos.

De las Provincias de la Tierra Firme por la parte que se llama La Florida

A estas provincias han ido tres tiranos en diversos tiempos, desde el año de mil e quinientos y diez o de once[113], a hacer las obras que los otros e los dos dellos en las otras partes de las Indias han cometido, por subir a estados desproporcionados de su merescimiento, con la sangre e perdición de aquellos sus prójimos. Y todos tres han muerto mala muerte, con destrución de sus personas e casas que habían edificado de sangre de hombres en otro tiempo pasado, como yo soy testigo de todos tres, y su memoria está ya raída de la haz de la tierra, como si no hubieran por esta vida pasado. Dejaron toda la tierra escandalizada e puesta en la infamia y horror de su nombre con algunas matanzas que hicieron, pero no muchas, porque los mató Dios antes que más hiciesen, porque les tenía guardado para allí el castigo de los males que yo sé e vide que en otras partes de las Indias habían perpetrado.

El cuarto tirano fué agora postreramente, el año de mil y quinientos e treinta y ocho[114], muy de propósito e con mucho aparejo; ha tres años que no saben dél ni parece: somos ciertos que luego en entrando hizo crueldades y luego desapareció, e que si es vivo él y su gente, que en estos tres años ha destruído grandes e muchas gentes si por donde fué las halló, porque es de los marcados y experimentados e de los que más daños y males y destruiciones de muchas provincias e reinos con otros sus compañeros ha hecho. Pero más creemos que le ha dado Dios el fin que a los otros ha dado.

Después de tres o cuatro años de escripto lo susodicho[115], salieron

---

113 En realidad hubo cuatro capitanes que encabezaron expediciones malogradas a Florida: Juan Ponce de León (1513 y 1521), Alvarez de Pineda (1519), Vázquez de Ayllón (1526) y Pánfilo de Narváez (1528).

114 Hernando de Soto. Recorrió todo el sureste de los actuales Estados Unidos (1538-1541) antes de morir a orillas del Mississipi en 1543.

115 Esta parte fue añadida al texto primitivo de la *Brevísima*. Hizo lo mismo con el capítulo sobre el Río de la Plata.

de la tierra Florida el resto de los tiranos que fué con aqueste tirano mayor que muerto dejaron; de los cuales supimos las inauditas crueldades y maldades que allí en vida, principalmente dél y después de su infelice muerte los inhumanos hombres en aquellos innocentes y a nadie dañosos indios perpetraron; porque no saliese falso lo que arriba yo había adivinado. Y son tantas, que afirmaron la regla que arriba al principio pusimos: que cuanto más procedían en descubrir y destrozar y perder gentes y tierras, tanto más señaladas crueldades e iniquidades contra Dios y sus prójimos perpetraban. Estamos enhastiados de contar tantas e tan execrables y horribles e sangrientas obras, no de hombres, sino de bestias fieras, e por eso no he querido detenerme en contar más de las siguientes.

Hallaron grandes poblaciones de gentes muy bien dispuestas, cuerdas, políticas y bien ordenadas. Hacían en ellos grandes matanzas (como suelen) para entrañar su miedo en los corazones de aquellas gentes. Afligíanlos y matábanlos con echarles cargas como a bestias. Cuando alguno cansaba o desmayaba, por no desensartar de la cadena donde los llevaban en colleras otros que estaban antes de aquél, cortábanle la cabeza por el pescuezo e caía el cuerpo a una parte y la cabeza a otra, como de otras partes arriba contamos.

Entrando en un pueblo donde los rescibieron con alegría e les dieron de comer hasta hartar e más de seiscientos indios para acémilas de sus cargas e servicio de sus caballos, salidos de los tiranos, vuelve un capitán deudo del tirano mayor a robar todo el pueblo estando seguros, e mató a lanzadas al señor rey de la tierra e hizo otras crueldades. En otro pueblo grande, porque les pareció que estaban un poco los vecinos dél más recatados por las infames y horribles obras que habían oído dellos, metieron a espada y lanza chicos y grandes, niños y viejos, súbditos y señores, que no perdonaron a nadie.

A mucho número de indios, en especial a más de docientos juntos (según se dice), que enviaron a llamar de cierto pueblo, o ellos vinieron de su voluntad, hizo cortar el tirano mayor desde las narices con los labios hasta la barba todas las caras, dejándolas rasas; y así, con aquella lástima y dolor e amargura, corriendo sangre, los enviaron a que llevasen las nuevas de las obras y milagros que hacían aquellos predicadores de la santa fe católica bautizados. Júzguese agora qué tales estarán aquellas gentes, cuánto amor ternán a los cristianos y cómo creerán ser el Dios que tienen bueno e justo, y la ley e religión que profesan y de que se jactan, inmaculada. Grandísimas y estrañísimas son las maldades que allí cometieron aquellos infelices hombres, hijos de perdición. Y así, el más infelice capitán murió como malaventurado, sin confesión, e no dudamos sino que fué sepultado en los infiernos, si quizá Dios ocultamente no le proveyó, según su divina misericordia e no según los deméritos dél, por tan execrables maldades.

Del Río De La Plata

Desde el año de mil e quinientos y veinte y dos o veinte y tres han ido al Río de la Plata, donde hay grandes reinos e provincias, y de gentes muy dispuestas e razonables, tres o cuatro veces capitanes[116]. En general, sabemos que han hecho muertes e daños; en particular, como está muy a trasmano de lo que más se tracta de las Indias, no sabemos cosas que decir señaladas. Ninguna duda empero tenemos que no hayan hecho y hagan hoy las mesmas obras que en las otras partes se han hecho y hacen. Porque son los mesmos españoles y entre ellos hay de los que se han hallado en las otras, y porque van a ser ricos e grandes señores como los otros, y esto es imposible que pueda ser, sino con perdición e matanzas y robos e diminución de los indios, según la orden e vía perversa que aquéllos como los otros llevaron.

Después que lo dicho se escribió, supimos muy con verdad que han destruído y despoblado grandes provincias y reinos de aquella tierra, haciendo extrañas matanzas y crueldades en aquellas desventuradas gentes, con las cuales se han señalado como los otros y más que otros, porque han tenido más lugar por estar más lejos de España, y han vivido más sin orden e justicia, aunque en todas las Indias no la hubo, como parece por todo lo arriba relatado.

Entre otras infinitas se han leído en el Consejo de las Indias las que se dirán abajo. Un tirano gobernador dió mandamiento a cierta gente suya que fuese a ciertos pueblos de indios e que si no les diesen de comer los matasen a todos. Fueron con esta auctoridad, y porque los indios como a enemigos suyos no se lo quisieron dar, más por miedo

---

116 Juan de Solís fue el primer descubridor del Río de la Plata. Allí fue muerto y comido por los indios. Luego, Sebastián Caboto fundó *Santi Spítitu* (1527), Pedro de Mendoza encabezó una importante expedición y fundó *Buenos Aires* (1536), la cual fue en poco tiempo destruída, Martínez de Irala fundó *Asunción* (1537) y Alvar Núñez Cabeza de Vaca (1540).

de verlos y por huírlos que por falta de liberalidad, metieron a espada sobre cinco mil ánimas.

Ítem, viniéronse a poner en sus manos y a ofrecerse a su servicio cierto número de gentes de paz, que por ventura ellos enviaron a llamar, y porque o no vinieron tan presto o porque como suelen y es costumbre dellos vulgada, quisieron en ellos su horrible miedo y espanto arraigar, mandó el gobernador que los entregasen a todos en manos de otros indios que aquéllos tenían por sus enemigos. Los cuales, llorando y clamando rogaban que los matasen ellos e no los diesen a sus enemigos; y no queriendo salir de la casa donde estaban, los hicieron pedazos, clamando y diciendo: «Venimos a serviros de paz e matáisnos; nuestra sangre quede por estas paredes en testimonio de nuestra injusta muerte y vuestra crueldad.» Obra fué ésta, cierto, señalada e digna de considerar e mucho más de lamentar.

DE LOS GRANDES REINOS Y GRANDES PROVINCIAS DEL PERÚ

En el año de mil e quinientos e treinta y uno fué otro tirano grande con cierta gente a los reinos del Perú[117], donde entrando con el título e intención e con los principios que los otros todos pasados (porque era uno de los que se habían más ejercitado e más tiempo en todas las crueldades y estragos que en la tierra firme desde el año de mil e quinientos y diez se habían hecho), cresció en crueldades y matanzas y robos, sin fee ni verdad, destruyendo pueblos, apocando, matando las gentes dellos e siendo causa de tan grandes males que han sucedido en aquellas tierras, que bien somos ciertos que nadie bastará a referirlos y encarecerlos, hasta que los veamos y conozcamos claros el día del Juicio; y de algunos que quería referir la deformidad y calidades y circunstancias que los afean y agravian, verdaderamente yo no podré ni sabré encarecer.

En su infelice entrada mató y destruyó algunos pueblos e les robó mucha cantidad de oro. En una isla que está cerca de las mesmas provincias, que se llama Pugna[118], muy poblada e graciosa, e rescibiéndole el señor y gente della como a ángeles del cielo, y después de seis meses habiéndoles comido todos sus bastimentos, y de nuevo descubriéndoles

---

117   Francisco Pizarro.
118   Isla de la Puná, en el golfo de Guayaquil.

las trojes del trigo[119] que tenían para sí e sus mujeres e hijos los tiempos de seca y estériles, y ofreciéndoselas con muchas lágrimas que las gastasen e comiesen a su voluntad, el pago que les dieron a la fin fué que los metieron a espada y alancearon mucha cantidad de gentes dellas, y los que pudieron tomar a vida hicieron esclavos con grandes y señaladas crueldades otras que en ellas hicieron, dejando casi despoblada la dicha isla.

De allí vanse a la provincia de Tumbala[120], ques en la tierra firme, e matan y destruyen cuantos pudieron. Y porque de sus espantosas y horribles obras huían todas las gentes, decían que se alzaban e que eran rebeldes al rey. Tenía este tirano esta industria: que a los que pedía y otros que venían a dalles presentes de oro y plata y de lo que tenían, decíales que trujesen más, hasta que él vía que o no tenían más o no traían más, y entonces decía que los rescebía por vasallos de los reyes de España y abrazábalos y hacía tocar dos trompetas que tenía, dándoles a entender que desde en adelante no les habían de tomar más ni hacerles mal alguno, teniendo por lícito todo lo que les robaba y le daban por miedo de las abominables nuevas que de él oían antes que él los recibiese so el amparo y protección del rey; como si después de rescebidos debajo de la protección real no los oprimiesen, robasen, asolasen y destruyesen y él no los hubiera así destruído.

Pocos días después, viniendo el rey universal y emperador de aquellos reinos, que se llamó Atabaliba, con mucha gente desnuda y con sus armas de burla, no sabiendo cómo cortaban las espadas y herían las lanzas y cómo corrían los caballos, e quién eran los españoles (que si los demonios tuvieren oro, los acometerán para se lo robar), llegó al lugar donde ellos estaban[121], diciendo: «¿Dónde están esos españoles? Salgan acá, que no me mudaré de aquí hasta que me satisfagan de mis vasallos que me han muerto, y pueblos que me han despoblado, e riquezas que me han robado». Salieron a él, matáronle infinitas gentes, prendiéronle su persona, que venía en unas andas, y después de preso tractan con él que se rescatase: promete de dar cuatro millones de castellanos y da quince, y ellos prométenle de soltarle; pero al fin, no guardándole la fe ni verdad (como nunca en las Indias con los indios por los españoles se ha guardado), levántanle que por su mandado se juntaba gente, y él responde que en toda la tierra no se movía una hoja de un

---

119   Se trata de maíz

120   Confusión entre Tumbalá, nombre del cacique de la isla de Puná y Tumbez, puerto en la costa, en el norte del Perú actual, cerca de la frontera con Ecuador.

121   Fue en la ciudad de Cajamarca donde Pizarro encontró el inca Atahualpa (aquí ortografiado Atabaliba) y lo cautivó el 16 de noviembre de 1532.

árbol sin su voluntad: que si gente se juntase creyesen que él la
mandaba juntar, y que presto estaba, que lo matasen. No obstante todo
esto, lo condenaron a quemar vivo, aunque después rogaron algunos
al capitán que lo ahogasen, y ahogado lo quemaron. Sabido por él, dijo:
«Por qué me quemáis, qué os he hecho? ¿No me prometistes de soltar
dándoos el oro? ¿No os di más de lo que os prometí? Pues que así lo
queréis, envíame a vuestro rey de España», e otras muchas cosas que
dijo para gran confusión y detestación de la gran injusticia de los españoles; y en fin lo quemaron.

Considérese aquí la justicia e título desta guerra; la prisión deste
señor e la sentencia y ejecución de su muerte, y la conciencia con que
tienen aquellos tiranos tan grandes tesoros como en aquellos reinos a
aquel rey tan grande e a otros infinitos señores e particulares robaron.

De infinitas hazañas señaladas en maldad y crueldad, en estir-
pación de aquellas gentes, cometidas por los que se llaman cristianos,
quiero aquí referir algunas pocas que un fraile de Sant Francisco a los
principios vido, y las firmó de su nombre enviando traslados por
aquellas partes y otros a estos reinos de Castilla, e yo tengo en mi poder
un traslado con su propia firma, en el cual dice así:

> Yo, fray Marcos de Niza, de la orden de Sant Francisco, comisario sobre
> los frailes de la mesma orden en las provincias del Perú, que fué de los
> primeros religiosos que con los primeros cristianos entraron en las
> dichas provincias, digo dando testimonio verdadero de algunas cosas
> que yo con mis ojos vi en aquella tierra, mayormente cerca del tracta-
> miento y conquistas hechas a los naturales. Primeramente, yo soy testigo
> de vista y por experiencia cierta conoscí y alcancé que aquellos indios
> del Perú es la gente más benévola que entre indios se ha visto, y allegada
> e amiga a los cristianos. Y vi que aquéllos daban a los españoles en abun-
> dancia oro y plata e piedras preciosas y todo cuanto les pedían que ellos
> tenían, e todo buen servicio, e nunca los indios salieron de guerra sino
> de paz, mientras no les dieron ocasión con los malos tractamientos e
> crueldades, antes los rescebían con toda benevolencia y honor en los
> pueblos a los españoles, dándoles comidas e cuantos esclavos y esclavas
> pedían para servicio.
>
> Ítem, soy testigo e doy testimonio que sin dar causa ni ocasión aquellos
> indios a los españoles, luego que entraron en sus tierras, después de
> haber dado el mayor cacique Atabaliba más de dos millones de oro a los
> españoles, y habiéndoles dado toda la tierra en su poder sin resistencia,
> luego quemaron al dicho Atabaliba, que era señor de toda la tierra, y en

pos dél quemaron vivo a su capitán general Cochilimaca, el cual había venido de paz al gobernador con otros principales. Asimesmo, después déstos dende a pocos días quemaron a Chamba, otro señor muy principal de la provincia de Quito, sin culpa ni haber hecho por qué.

Asimesmo quemaron a Chapera, señor de los canarios[122], injustamente. Asimesmo a Luis, gran señor de los que había en Quito, quemaron los pies e le dieron otros muchos tormentos porque dijese dónde estaba el oro de Atabaliba, del cual tesoro (como pareció) no sabía él nada. Asimesmo quemaron en Quito a Cozopanga, gobernador que era de todas las provincias de Quito. El cual, por ciertos requerimientos que le hizo Sebastián de Benalcázar, capitán del gobernador, vino de paz, y porque no dió tanto oro como le pedían, lo quemaron con otros muchos caciques e principales. Y a lo que yo pude entender su intento de los españoles era que no quedase señor en toda la tierra.

Ítem, que los españoles recogieron mucho número de indios y los encerraron en tres casas grandes, cuantos en ellas cupieron, e pegáronles fuego y quemáronlos a todos sin hacer la menor cosa contra español ni dar la menor causa. Y acaesció allí que un clérigo que se llama Ocaña sacó un muchacho del fuego en que se quemaba, y vino allí otro español y tomóselo de las manos y lo echó en medio de las llamas, donde se hizo ceniza con los demás. El cual dicho español que así había echado en el fuego al indio, aquel mesmo día, volviendo al real, cayó súbitamente muerto en el camino e yo fuí de parecer que no lo enterrasen.

Ítem, yo afirmo que yo mesmo vi ante mis ojos a los españoles cortar manos, narices y orejas a indios e indias sin propósito, sino porque se les antojaba hacerlo, y en tantos lugares y partes que sería largo de contar. E yo vi que los españoles les echaban perros a los indios para que los hiciesen pedazos, e los vi así aperrear a muy muchos. Asimesmo vi yo quemar tantas casas e pueblos, que no sabría decir el número según eran muchos. Asimesmo es verdad que tomaban niños de teta por los brazos y los echaban arrojadizos cuanto podían, e otros desafueros y crueldades sin propósito, que me ponían espanto, con otras innumerables que vi que serían largas de contar.

Ítem, vi que llamaban a los caciques e principales indios que viniesen de paz seguramente e prometiéndoles seguro, y en llegando luego los quemaban. Y en mi presencia quemaron dos: el uno en Andón y el otro en Tumbala, e no fuí parte para se lo estorbar que no los quemasen, con cuanto les prediqué. E según Dios e mi conciencia, en cuanto yo puedo alcanzar, no por otra causa sino por estos malos tractamientos, como claro parece a todos, se alzaron y levantaron los indios del Perú, y con mucha causa que se les ha dado. Porque ninguna verdad les han

---

122   Claro que no se trata de los habitantes de las islas Canarias, sino de los Cañaris, que formaban una nación guerrera, y que eran aliados de los Incas hasta que su jefe se pusiera al servicio de los conquistadores.

tractado, ni palabra guardado, sino que contra toda razón e injusticia, tiranamente los han destruído con toda la tierra, haciéndoles tales obras que han determinado antes de morir que semejantes obras sufrir.

Ítem, digo que por la relación de los indios hay mucho más oro escondido que manifestado, el cual, por las injusticias e crueldades que los españoles hicieron no lo han querido descubrir, ni lo descubrirán mientras rescibieren tales tractamientos, antes querrán morir como los pasados. En lo cual Dios Nuestro Señor ha sido mucho ofendido e su Majestad muy deservido y defraudado en perder tal tierra que podía dar buenamente de comer a toda Castilla, la cual será harto dificultosa y costosa, a mi ver, de la recuperar.

Todas estas son sus palabras del dicho religioso, formales, y vienen también firmadas del obispo de México[123], dando testimonio de que todo esto afirmaba el dicho padre fray Marcos.

Hase de considerar aquí lo que este Padre dice que vido, porque fué cincuenta o cien leguas de tierra, y ha nueve o diez años, porque era a los principios, e había muy pocos que al sonido del oro fueran cuatro y cinco mil españoles y se extendieron por muchos y grandes reinos y provincias más de quinientas y setecientas leguas, que las tienen todas asoladas, perpetrando las dichas obras y otras más fieras y crueles. Verdaderamente, desde entonces acá hasta hoy más de mil veces más se ha destruído y asolado de ánimas que las que han contado, y con menos temor de Dios y del rey e piedad, han destruído grandísima parte del linaje humano. Más faltan y han muerto de aquellos reinos hasta hoy (e que hoy también los matan) en obra de diez años, de cuatro cuentos de ánimas.

Pocos días ha que acañaverearon y mataron una gran reina, mujer del Inga[124], el que quedó por rey de aquellos reinos, al cual los cristianos, por sus tiranías, poniendo las manos en él, lo hicieron alzar y está alzado. Y tomaron a la reina su mujer y contra toda justicia y razón la mataron (y aun dicen que estaba preñada) solamente por dar dolor a su marido.

Si se hubiesen de contar las particulares crueldades y matanzas que los cristianos en aquellos reinos del Perú han cometido e cada día hoy cometen, sin dubda ninguna serían espantables y tantas que todo lo que hemos dicho de las otras partes se escureciese y paresciese poco, según la cantidad y gravedad dellas.

---

123   El franciscano Juan de Zumárraga, primer obispo de México.

124   En el texto original se lee *Elingue*, por el Inca. Se trata de Manco Inca que se refugió en 1537 en los Andes de Vilcabamba, iniciando la resistencia contra el poder colonial que duró hasta 1572.

Del Nuevo Reino de Granada

El año de mil y quinientos y treinta y nueve concurrieron muchos tiranos[125] yendo a buscar desde Venezuela y desde Sancta Marta y desde Cartagena el Perú, e otros que del mesmo Perú descendían a calar y penetrar aquellas tierras, e hallaron a las espaldas de Sancta Marta y Cartagena, trecientas leguas la tierra dentro, unas felicísimas e admirables provincias llenas de infinitas gentes mansuetísimas y buenas como las otras y riquísimas también de oro y piedras preciosas, las que se dicen esmeraldas. A las cuales provincias pusieron por nombre el Nuevo Reino de Granada, porque el tirano que llegó primero a esas tierras era natural del reino que acá está de Granada[126]. Y porque muchos inicuos e crueles hombres de los que allí concurrieron de todas partes eran insignes carniceros y derramadores de la sangre humana, muy acostumbrados y experimentados en los grandes pecados susodichos en muchas partes de las Indias, por eso han sido tales y tantas sus endemoniadas obras y las circunstancias y calidades que las afean e agravian, que han excedido a muy muchas y aun a todas las que los otros y ellos en las otras provincias han hecho y cometido.

De infinitas que en estos tres años han perpetrado e que agora en este día no cesan de hacer, diré algunas muy brevemente de muchas: que un gobernador (porque no le quiso admitir el que en el dicho Nuevo Reino de Granada robaba y mataba para que él robase e matase) hizo una probanza contra él de muchos testigos, sobre los estragos e desafueros y matanzas que ha hecho e hace, la cual se leyó y está en el Consejo de las Indias.

Dicen en la dicha probanza los testigos, que estando todo aquel reino de paz e sirviendo a los españoles, dándoles de comer de sus trabajos los indios continuamente y haciéndoles labranzas y haciendas e trayéndoles mucho oro y piedras preciosas, esmeraldas y cuanto tenían y podían, repartidos los pueblos y señores y gentes dellos por los españoles (que es todo lo que pretenden por medio para alcanzar su fin último, que es el oro) y puestos todos en la tiranía y servidumbre acostumbrada, el tirano capitán principal que aquella tierra mandaba prendió al señor y rey de todo aquel reino e túvolo preso seis o siete meses pidiéndole oro y esmeraldas, sin otra causa ni razón alguna. El

---

125   Jiménez de Quesada, Sebastián de Belalcázar, Nicolás Federmann.
126   Gonzalo Jiménez de Quesada (1496-1579). La denominación de Nuevo Reino de Granada se aplicó primero a la región de Cundinamarca, donde Jiménez de Quesada fundó *Santa Fe de Bogotá*, el 6 de agosto de 1538. Luego se extendió más o menos a todo el territorio de la actual Colombia.

dicho rey, que se llamaba Bogotá, por miedo que le pusieron, dijo que
él daría una casa de oro que le pedían, esperando de soltarse de las
manos de quien así lo afligía, y envió indios a que le trajesen oro, y por
veces trajeron mucha cantidad de oro e piedras, pero porque no daba
la casa de oro decían los españoles que lo matase, pues no cumplía lo
que había prometido. El tirano dijo que se lo pidiesen por justicia ante
él mesmo; pidiéronlo así por demanda, acusando al dicho rey de la
tierra; él dió sentencia condenándolo a tormentos si no dierse la casa
de oro. Danle el tormento del tracto de cuerda[127]; echábanle sebo ardiendo en la barriga, pónenle a cada pie una herradura hincada en un
palo, y el pescuezo atado a otro palo, y dos hombres que le tenían las
manos, e así le pegaban fuego a los pies, y entraba el tirano de rato en
rato y decía que así lo había de matar poco a poco a tormentos si no le
daba el oro. Y así lo cumplió e mató al dicho señor con los tormentos.
Y estando atormentándolo mostró Dios señal de que detestaba aquellas
crueldades en quemarse todo el pueblo donde las perpetraban. Todos
los otros españoles, por imitar a su buen capitán y porque no saben otra
cosa sino despedazar aquellas gentes, hicieron lo mesmo, atormentando con diversos y fieros tormentos cada uno al cacique y señor del
pueblo o pueblos que tenían encomendados, estándoles sirviéndoles
dichos señores con todas sus gentes y dándoles oro y esmeraldas cuanto
podían y tenían. Y sólo los atormentaban porque les diesen más oro y
piedras de lo que les daban. Y así quemaron y despedazaron todos los
señores de aquella tierra. Por miedo de las crueldades egregias que uno
de los tiranos particulares en los indios hacía, se fueron a los montes
huyendo de tanta inhumanidad un gran señor que se llamaba Daitama,
con mucha gente de la suya. Porque esto tienen por remedio y refugio
(si les valiese). Y a esto llaman los españoles levantamientos y rebelión.
Sabido por el capitán principal tirano, envía gente al dicho hombre
cruel (por cuya ferocidad los indios que estaban pacíficos e sufriendo
tan grandes tiranías y maldades se habían ido a los montes), el cual fué
a buscarlos, y porque no basta a esconderse en las entrañas de la tierra,
hallaron gran cantidad de gente y mataron y despedazaron más de quinientas ánimas, hombres y mujeres e niños, porque a ningún género
perdonaban. Y aun dicen los testigos que el mesmo señor Daitama
había, antes que la gente le matasen, venido al dicho cruel hombre y le

---

127   Define así Covarrubias el "tracto de cuerda": " Castigo que se suele dar atando a uno las
      manos por detrás, levantándole en el ayre, y dexándole después caer sin que llegue a
      tierra, con que casi se le descoyuntan los huesos de los hombros".

había traído cuatro o cinco mil castellanos, e no obstante esto hizo el estrago susodicho.

Otra vez, viniendo a servir mucha cantidad de gente a los españoles y estando sirviendo con la humildad e simplicidad que suelen, seguros, vino el capitán una noche a la ciudad donde los indios servían, y mandó que a todos aquellos indios los metiesen a espada, estando de ellos durmiendo y dellos cenando y descansando de los trabajos del día. Esto hizo porque le pareció que era bien hacer aquel estrago para entrañar su temor en todas las gentes de aquella tierra.

Otra vez mandó el capitán tomar juramento a todos los españoles cuántos caciques y principales y gente común cada uno tenía en el servicio de su casa, e que luego los trajesen a la plaza, e allí les mandó cortar a todos las cabezas, donde mataron cuatrocientas a quinientas ánimas. Y dicen los testigos que desta manera pensaba apaciguar la tierra.

De cierto tirano particular dicen los testigos que hizo grandes crueldades, matando y cortando muchas manos y narices a hombres y mujeres y destruyendo muchas gentes.

Otra vez envió el capitán al mesmo cruel hombre con ciertos españoles a la provincia de Bogotá a hacer pesquisa de quién era el señor que había sucedido en aquel señorío, después que mató a tormentos al señor universal, y anduvo por muchas leguas de tierra prendiendo cuantos indios podía haber, e porque no le decían quién era el señor que había sucedido, a unos cortaba las manos y a otros hacía echar a los perros bravos que los despedazaban, así hombres como mujeres, y desta manera mató y destruyó muchos indios e indias. Y un día, al cuarto del alba, fué a dar sobre unos caciques o capitanes y gente mucha de indios que estaban de paz y seguros, que los había asegurado y dado la fe de que no recibirían mal ni daño, por la cual seguridad se salieron de los montes donde estaban escondidos a poblar a lo raso, donde tenían su pueblo, y así estando descuidados y con confianza de la fe que les habían dado, prendió mucha cantidad de gente, mujeres y hombres, y les mandaba poner la mano tendida en el suelo, y él memso, con un alfanje, les cortaba las manos e decíales que aquel castigo les hacía porque no le querían decir dónde estaba el señor nuevo que en aquel reino había suscedido.

Otra vez, porque no le dieron un cofre lleno de oro los indios, que les pidió este cruel capitán, envió gente a hacer guerra, donde mataron infinitas ánimas, e cortaron manos e narices a mujeres y a hombres que no se podrían contar, y a otros echaron a perros bravos, que los comían y despedazaban.

Otra vez, viendo los indios de una provincia de aquel reino que habían quemado los españoles tres o cuatro señores principales, de miedo se fueron a un peñón fuerte para defender de enemigos que tanto carescían de entrañas de hombres, y serían en el peñón y habría (según dicen los testigos) cuatro o cinco mil indios. Envía el capitán susodicho a un grande y señalado tirano (que a muchos de los que de aquellas partes tienen cargo de asolar, hace ventaja) con cierta gente de españoles para que castigase, dizque los indios alzados que huían de tan gran prestilencia y carnecería, como si hubieran hecho alguna sin justicia y a ellos perteneciera hacer el castigo y tomar la venganza, siendo dignos ellos de todo crudelísimo tormento sin misericordia, pues tan ajenos son de ella y de piedad con aquellos innocentes. Idos los españoles al peñón, súbenlo por fuerza, como los indios sean desnudos y sin armas, y llamando los españoles a los indios de paz y que los aseguraban que no les harían mal alguno, que no peleasen, luego los indios cesaron: manda el crudelísimo hombre a los españoles que tomasen todas las fuerzas del peñón, e tomadas, que diesen en los indios. Dan los tigres y leones en las ovejas mansas y desbarrigan y matan a espada tantos, que se pararon a descansar: tantos eran los que habían hecho pedazos. Después de haber descansado un rato mandó el capitán que matasen y desempeñasen del peñón abajo, que era muy alto, toda la gente que viva quedaba. Y así la desempeñaron toda, e dicen los testigos que veían nubada de indios echados del peñón abajo de setecientos hombres juntos, que caían donde se hacían pedazos.

Y por consumar del todo su gran crueldad rebuscaron todos los indios que se habían escondido entre las matas, y mandó que a todos les diesen estocadas y así los mataron y echaron de las peñas abajo. Aún no quiso contentarse con las cosas tan crueles ya dichas; pero quiso señalarse más y aumentar la horribilidad de sus pecados en que mandó que todos los indios e indias que los particulares habían tomado vivos (porque cada uno en aquellos estragos suele escoger alguno indios e indias y muchachos para servirse) los metiesen en una casa de paja (escogidos y dejados los que mejor le parecieron para su servicio) y les pegasen fuego, e así los quemaron vivos, que serían obra de cuarenta o cincuenta. Otros mandó echar a los perros bravos, que los despedazaron y comieron.

Otra vez, este mesmo tirano fué a cierto pueblo que se llamaba Cota y tomó muchos indios e hizo despedazar a los perros quince o veinte señores e principales, y cortó mucha cantidad de manos de mujeres y hombres, y las ató en unas cuerdas, las puso colgadas de un palo a la luenga, porque viesen los otros indios lo que había hecho a aquéllos, en que habría setenta pares de manos; y cortó muchas narices a mujeres y a niños.

Las hazañas y crueldades deste hombre, enemigo de Dios, no las podría alguno explicar, porque son inumerables e nunca tales oídas ni vistas que ha hecho en aquella tierra y en la provincia de Guatimala, y dondequiera que ha estado. Porque ha muchos años que anda por aquellas tierras haciendo aquestas obras y abrasando y destruyendo aquellas gentes y tierras.

Dicen más los testigos en aquella probanza: que han sido tantas, y tales, y tan grandes las crueldades y muertes que se han hecho y se hacen hoy en el dicho Nuevo Reino de Granada por sus personas los capitanes, y consentido hacer a todos aquellos tiranos y destruidores del género humano que con él estaban, que tienen toda la tierra asolada y perdida, e que si su Majestad con tiempo no lo manda remediar (según la matanza en los indios se hace solamente por sacarles el oro que no tienen, porque todo lo que tenían lo han dado) que se acabará en poco de tiempo que no haya indios ningunos para sostener la tierra y quedará toda yerma y despoblada.

Débese aquí de notar la cruel y pestilencial tiranía de aquellos infelices tiranos, cuán recia y vehemente e diabólica ha sido, que en obra de dos años o tres que ha que aquel Reino se descubrió, que (según todos los que en él han estado y los testigos de la dicha probanza dicen) estaba el más poblado de gente que podía ser tierra en el mundo, lo hayan todo muerto y despoblado tan sin piedad y temor de Dios y del rey, que digan que si en breve su Majestad no estorba aquellas infernales obras, no quedará hombre vivo ninguno. Y así lo creo yo, porque muchas y grandes tierras en aquellas partes he visto por mis mismos ojos, que en muy breves días las han destruído y del todo despoblado.

Hay otras provincias grandes que confinan con las partes del dicho Nuevo Reino de Granada, que se llaman Popayán y Cali, e otras tres o cuatro que tienen más de quinientas leguas, las han asolado y destruído por las manera que esas otras, robando y matando, con tormentos y con los desafueros susodichos, las gentes dellas que eran infinitas. Porque la tierra es felicísima, y dicen los que agora vienen de allá que es una lástima grande y dolor ver tantos y tan grandes pueblos quemados y asolados como vían pasando por ellas, que donde había pueblo de mil e dos mil vecinos no hallaban cincuenta, e otros totalmente abrasados y despoblados. Y por muchas partes hallaban ciento y docientas leguas e trecientas todas despobladas, quemadas y destruidas grandes poblaciones. Y, finalmente, porque desde los reinos del Perú, por la parte de la provincia del Quito, penetraron grandes y crueles tiranos hacia el dicho Nuevo Reino de Granada y Popayán e Cali, por la parte de Cartagena y Urabá, y de Cartagena otros malaventurados tiranos fueron a salir al Quito, y después otros por la parte del río de Sant Juan, que es a la costa del Sur (todos los cuales se vinieron a juntar), han extirpado y despoblado más de seiscientas leguas de tierras, echando aquellas tan inmensas ánimas a los infiernos; haciendo lo mesmo el día de hoy a las gentes míseras, aunque inocentes, que quedan.

Y que porque sea verdadera la regla que al principio dije, que siempre fué creciendo la tiranía e violencias e injusticias de los españoles contra aquellas ovejas mansas, en crudeza, inhumanidad y maldad, lo que agora en las dichas provincias se hace entre otras cosas dignísimas de todo fuego y tormento, es lo siguiente:

Después de las muertes y estragos de las guerras, ponen, como es dicho, las gentes en la horrible servidumbre arriba dicha, y encomiendan a los diablos a uno docientos e a otro trecientos indios. El diablo comendero diz que hace llamar cient indios ante sí: luego vienen como unos corderos; venidos, hace cortar las cabezas a treinta o cuarenta dellos e diz a los otros: «Los mesmo os tengo de hacer si no me servís bien o si os vais sin mi licencia».

Considérese agora, por Dios, por los que esto leyeren, qué obra es ésta e si excede a toda crueldad e injusticia que pueda ser pensada; y si les cuadra bien a los tales cristianos llamarlos diablos, e si sería más encomendar los indios a los diablos del infierno que es encomendarlos a los cristianos de las Indias.

Pues otra obra diré que no sé cuál sea más cruel, e más infernal, e más llena de ferocidad de fieras bestias, o ella o la que agora se dijo. Ya está dicho que tienen los españoles de las Indias enseñados y amaestrados perros bravísimos y ferocísimos para matar y despedazar los indios. Sepan todos los que son verdaderos cristianos y aun los que no lo son si se oyó en el mundo tal obra, que para mantener los dichos perros traen muchos indios en cadenas por los caminos, que andan como si fuesen manadas de puercos, y matan dellos, y tienen carnecería pública de carne humana, e dícense unos a otros: «Préstame un cuarto de un bellaco desos para dar de comer a mis perros hasta que yo mate otro», como si prestasen cuartos de puerco o de carnero. Hay otros que se van a caza las mañanas con sus perros, e volviéndose a comer, preguntados cómo les ha ido, responden: «Bien me ha ido, porque obra de quince o veinte bellacos dejo muertos con mis perros». Todas estas cosas e otras diabólicas vienen agora probadas en procesos que han hecho unos tiranos contra otros. ¿Qué puede ser más fea ni fiera ni inhumana cosa?

Con eso quiero acabar hasta que vengan nuevas de más egregias en maldad (si más que éstas pueden ser) cosas, o hasta que volvamos allá a verlas de nuevo, como cuarenta y dos años ha que los veemos por los ojos sin cesar, protestando en Dios y en mi consciencia que, según creo y tengo por cierto, que tantas son las maldiciones, daños, destruiciones, despoblaciones, estragos, muertes y muy grandes crueldades horribles y especies feísimas dellas, violencias, injusticias, y robos y matanzas que en aquellas gentes y tierras se han hecho (y aún se hacen hoy en todas aquellas partes de las Indias), que en todas cuantas cosas he dicho y cuanto lo he encarescido, no he dicho ni encarescido, en calidad ni en cantidad, de diez mil partes (de lo que se ha hecho y se hace hoy) una.

Y para que más compasión cualquiera cristiano haya de aquellas inocentes naciones y de su perdición y condenación más se duela, y más culpe y abomine y deteste la codicia y ambición y crueldad de los españoles, tengan todos por verdadera esta verdad, con las que arriba he afirmado: que después que se descubrieron las Indias hasta hoy, nunca en ninguna parte dellas los indios hicieron mal a cristiano, sin que primero hubiesen rescebido males y robos e traiciones dellos. Antes siempre los estimaban por inmortales y venidos del cielo, e como a tales los rescebían, hasta que sus obras testificaban quién eran y qué pretendían.

Otra cosa es bien añadir: que hasta hoy, desde sus principios, no se ha tenido más cuidado por los españoles de procurar que les fuese predicada la fe de Jesucristo a aquellas gentes, que si fueran perros o otras bestias; antes han prohibido de principal intento a los religiosos, con muchas aflictiones y persecuciones que les han causado, que no les predicasen, porque les parecía que era impedimento para adquirir el oro e riquezas que les prometían sus codicias. Y hoy en todas las Indias no hay más conoscimiento de Dios, si es de palo, o de cielo, o de la tierra, que hoy ha cient años entre aquellas gentes, si no es en la Nueva España, donde han andado religiosos, que es un rinconcillo muy chico de las Indias[128]; e así han perescido y perescen todos sin fee y sin sacramentos.

He inducido yo, fray Bartolomé de las Casas o Casaus, fraile de Sancto Domingo, que por la misericordia de Dios ando en esta corte de España procurando echar el infierno de las Indias, y que aquellas infinitas muchedumbres de ánimas redemidas por la sangre de Jesucristo no parezcan sin remedio para siempre, sino que conozcan a su criador y se salven, y por compasión que he de mi patria, que es Castilla, no la destruya Dios por tan grandes pecados contra su fee y honra cometidos y en los prójimos, por algunas personas notables, celosas de la honra de Dios e compasivas de las aflictiones y calamidades ajenas que residen en esta corte, aunque yo me lo tenía en propósito y no lo había puesto por obra por mis cuntinuas ocupaciones. Acabéla en Valencia, a ocho de diciembre de mil e quinientos y cuarenta y dos años, cuando tienen la fuerza y están en su colmo actualmente todas las violencias, opresiones, tiranías, matanzas, robos y destrucciones, estragos, despoblaciones, angustias y calamidades susodichas, en todas las partes donde hay cristianos de las Indias. Puesto que en unas partes son más fieras y abominables que en otras, Méjico y su comarca está un poco

---

128 Se refiere Las Casas a una zona muy precisa, ya evangelizada, y muy probablemente a la futura Vera Paz.

menos malo, o donde al menos no se osa hacer públicamente, porque allí, y no en otra parte, hay alguna justicia (aunque muy poca), porque allí también los matan con infernales tributos. Tengo grande esperanza que porque el emperador y rey de España, nuestro señor don Carlos, quinto deste nombre, va entendiendo las maldades y traiciones que en aquellas gentes e tierras, contra la voluntad de Dios y suya, se hacen y han hecho (porque hasta agora se le ha encubierto siempre la verdad industriosamente), que ha de extirpar tantos males y ha de remediar aquel Nuevo Mundo que Dios le ha dado, como amador y cultor que es de justicia, cuya gloriosa y felice vida e imperial estado Dios todopoderoso, para remedio de toda su universal Iglesia e final salvación propia de su real ánimo, por largos tiempos Dios prospere. Amén.

Después de escripto lo susodicho, fueron publicadas ciertas leyes y ordenanzas que Su Majestad por aquel tiempo hizo en la ciudad de Barcelona, año de mil e quinientos y cuarenta y dos, por el mes de noviembre; en la villa de Madrid, el año siguiente[129]. Por las cuales se puso la orden que por entonces pareció convenir, para que cesasen tantas maldades y pecados que contra Dios y los prójimos y en total acabamiento y perdición de aquel orbe convenía. Hizo las dichas leyes Su Majestad después de muchos ayuntamientos de personas de gran autoridad, letras y consciencia, y disputas y conferencias en la villa de Valladolid, y, finalmente, con acuerdo y parecer de todos los más, que dieron por escrito sus votos e más cercanos se hallaron de las reglas de la ley de Jesucristo, como verdaderos cristianos, y también libres de la corrupción y ensuciamiento de los tesoros robados de las Indias. Los cuales ensuciaron las manos e más las ánimas de muchos que entonces las mandaban, de donde procedió la ceguedad suya para que las destruyesen, sin tener escrúpulo algunos dello.

Publicadas estas leyes, hicieron los hacedores de los tiranos que entonces estaban en la Corte muchos traslados dellas (como a todos les pesaba, porque parecía que se les cerraban las puertas de participar lo robado y tiranizado) y enviáronlos a diversas partes de las Indias. Los que allá tenían cargo de las robar, acabar y consumir con sus tiranías, como nunca tuvieron jamás orden, sino toda la desorden que pudiera poner Lucifer, cuando vieron los traslados, antes que fuesen los jueces nuevos que los habían de ejecutar, conosciendo (a lo que se dice y se

---

129   Las "Leyes Nuevas".

cree) de los que acá hasta entonces los habían en sus pecados e violencias sustentado, que lo debían hacer, alborotáronse de tal manera, que cuando fueron los buenos jueces a la ejecutar, acordaron de (como habían perdido a Dios el amor y temor) perder la vergüenza y obediencia a su rey. Y así cumplir con su insaciable codicia de dineros de aquellos avarísimos tiranos, como todos los otros siempre en todas acordaron de tomar por renombre traidores, siendo crudelísimos y desenfrenados tiranos; señaladamente en los reinos del Perú, donde hoy, que estamos en el año de mil e quinientos y cuarenta y seis, se cometen tan horribles y espantables y nefarias obras cuales nunca se hicieron ni en las Indias ni en el mundo, no sólo en los indios, los cuales ya todos o cuasi todos los tienen muertos, e aquellas tierras dellos despobladas, pero en sí mesmo unos a otros, con justo juicio de Dios: que pues no ha habido justicia del rey que los castigue, viniese del cielo, permitiendo que unos fuesen de otros verdugos.[130]

Con el favor de aquel levantamiento de aquéllos, en todas las otras partes de aquel mundo no han querido cumplir las leyes, e con color de suplicar dellas están tan alzados como los otros. Porque se les hace de mal dejar los estados y haciendas usurpadas que tienen, e abrir mano de los indios que tienen en perpetuo captiverio. Donde han cesado de matar con espadas de presto, mátanlos con servicios personales e otras vejaciones injustas e intolerables su poco a poco. Y hasta agora no es poderoso el rey para lo estorbar, porque todos, chicos y grandes, andan a robar, unos más, otros menos; unos pública e abierta, otros secreta y paliadamente. Y con color de que sirven al Rey deshonran a Dios y roban y destruyen al Rey.

FUÉ IMPRESA LA PRESENTE OBRA EN LA MUY NOBLE E MUY LEAL CIUDAD DE SEVILLA, EN CASA DE SEBASTIÁN TRUJILLO, IMPRESOR DE LIBROS. A NUESTRA SEÑORA DE GRACIA. AÑO DE MDLII.

FIN

---

130   Las guerras civiles del Perú entre los partidarios de Diego de Almagro (Almagristas) y los partidarios de Francisco Pizarro (Pizarristas). Estas guerras duraron de 1537 a 1542 y luego hubo la rebelión de los colonos, capitaneada por Gonzalo Pizarro en contra de la Leyes Nuevas (1544-1548).

Apéndice – El "Requerimiento"

Redactado por Juan López de Palacios[131]

Nota preliminar

Durante la conquista de América algunos teólogos pensaron que despojar a los indios de sus tierras, sin aviso ni derecho legal, ponía en peligro la salvación eterna de los Reyes de España. La solución a este dilema fue el Requerimiento. Escrito para ser leído frente a los enemigos antes de que comenzara la batalla, el documento les da la oportunidad de someterse pacíficamente a la autoridad de los Reyes de Castilla. Concluye que si los indios no aceptan la autoridad real, entonces serán culpables de las muertes y daños que de ello se siguiesen.

En muchas ocasiones los españoles cumplieron con la exigencia legal de leer el texto antes de atacar a los indios. Lo hacían desde barcos o desde la cumbre de una colina, a grandes distancias de los indios, a veces en castellano y otras en latín. Luego, un notario certificaba por escrito que los indios habían sido avisados.

Sobre el Requerimiento dijo fray Bartolomé de las Casas: Es una burla de la verdad y de la justicia y un gran insulto a nuestra fe cristiana y a la piedad y caridad de Jesucristo, y no tiene ninguna legalidad.

El Requerimiento se usó durante décadas.

---

131 **Juan López de Palacios Rubios:** Jurista y consejero real, quien se encargaba de sustentar la justicia de las empresas reales ("sastre jurídico"), estuvo al servicio de los Reyes Católicos, quienes llegan a confiarle la elaboración de las 'Leyes de Toro', que se promulgaron en 1505. Durante este reinado fue presidente del Real Consejo de la Mesta, que en 1273 creó Alfonso X el Sabio.

Fue autor de importantes obras como *Tratado del esfuerzo bélico heróico* (1524), única obra en castellano de su producción, de fuerte carácter político; *De beneficiis in curia vacantibus*, clara defensa del patrimonio real; *De las Islas del Mar Océano* (1512) e inspirador de la legislación española para América, recogió ampliamente el concepto de la "inmadurez" de los indígenas, los cuales debían ser protegidos, como tiernos vástagos, hasta de sus propios defectos; el *Requerimiento*, libro que se leía a los indios americanos con el fin de someterlos de una forma pacífica; *De Justitia et Jure obtentionis ac retentionis regni Navarrae*, obra de la que se dice que es una clara apología de la conquista de Navarra; o *Libellus de insulis oceanis,* en la que justifica la legitimidad que sobre las tierras conquistadas americanas mantenía la corona de Castilla.

Ocupó la cátedra de Prima de Cánones en la Universidad de Valladolid.

Requerimiento

Monarquía Española

De parte del rey, don Fernando, y de su hija, doña Juana, reina de Castilla y León, domadores de pueblos bárbaros, nosotros, sus siervos, os notificamos y os hacemos saber, como mejor podemos, que Dios nuestro Señor, uno y eterno, creó el cielo y la tierra, y un hombre y una mujer, de quien nos y vosotros y todos los hombres del mundo fueron y son descendientes y procreados, y todos los que después de nosotros vinieran. Mas por la muchedumbre de la generación que de éstos ha salido desde hace cinco mil y hasta más años que el mundo fue creado, fue necesario que los unos hombres fuesen por una parte y otros por otra, y se dividiesen por muchos reinos y provincias, que en una sola no se podían sostener y conservar.

De todas estas gentes Dios nuestro Señor dio cargo a uno, que fue llamado san Pedro, para que de todos los hombres del mundo fuese señor y superior a quien todos obedeciesen, y fue cabeza de todo el linaje humano, dondequiera que los hombres viniesen en cualquier ley, secta o creencia; y diole todo el mundo por su Reino y jurisdicción, y como quiera que él mandó poner su silla en Roma, como en lugar más aparejado para regir el mundo, y juzgar y gobernar a todas las gentes, cristianos, moros, judíos, gentiles o de cualquier otra secta o creencia que fueren. A este llamaron Papa, porque quiere decir admirable, padre mayor y gobernador de todos los hombres.

A este san Pedro obedecieron y tomaron por señor, rey y superior del universo los que en aquel tiempo vivían, y así mismo han tenido a todos los otros que después de él fueron elegidos al pontificado, y así se ha continuado hasta ahora, y continuará hasta que el mundo se acabe.

Uno de los Pontífices pasados que en lugar de éste sucedió en aquella dignidad y silla que he dicho, como señor del mundo hizo donación de estas islas y tierra firme del mar Océano a los dichos Rey y Reina y sus sucesores en estos reinos, con todo lo que en ella hay, según se contiene en ciertas escrituras que sobre ello pasaron, según se ha dicho, que podréis ver si quisieseis.

Así que Sus Majestades son reyes y señores de estas islas y tierra firme por virtud de la dicha donación; y como a tales reyes y señores algunas islas más y casi todas a quien esto ha sido notificado, han recibido a Sus Majestades, y los han obedecido y servido y sirven como súbditos lo deben hacer, y con buena voluntad y sin ninguna resistencia y luego sin dilación, como fueron informados de los susodichos, obedecieron y recibieron los varones religiosos que Sus Altezas les enviaban para que les predicasen y enseñasen nuestra Santa Fe y todos ellos de su libre, agradable voluntad, sin premio ni condición alguna, se tornaron cristianos y lo son, y Sus Majestades los recibieron alegre y benignamente, y así los mandaron tratar como a los otros súbditos y vasallos; y vosotros sois tenidos y obligados a hacer lo mismo.

Por ende, como mejor podemos, os rogamos y requerimos que entendáis bien esto que os hemos dicho, y toméis para entenderlo y deliberar sobre ello el tiempo que fuere justo, y reconozcáis a la Iglesia por señora y superiora del universo mundo, y al Sumo Pontífice, llamado Papa, en su nombre, y al Rey y reina doña Juana, nuestros señores, en su lugar, como a superiores y reyes de esas islas y tierra firme, por virtud de la dicha donación y consintáis y deis lugar que estos padres religiosos os declaren y prediquen lo susodicho.

Si así lo hicieseis, haréis bien, y aquello que sois tenidos y obligados, y Sus Altezas y nos en su nombre, os recibiremos con todo amor y caridad, y os dejaremos vuestras mujeres e hijos y haciendas libres y sin servidumbre, para que de ellas y de vosotros hagáis libremente lo que quisieseis y por bien tuvieseis, y no os compelerán a que os tornéis cristianos, salvo si vosotros informados de la verdad os quisieseis convertir a nuestra santa Fe Católica, como lo han hecho casi todos los vecinos de las otras islas, y allende de esto sus Majestades os concederán privilegios y exenciones, y os harán muchas mercedes.

Y si así no lo hicieseis o en ello maliciosamente pusieseis dilación, os certifico que con la ayuda de Dios nosotros entraremos poderosamente contra vosotros, y os haremos guerra por todas las partes y maneras que pudiéramos, y os sujetaremos al yugo y obediencia de la Iglesia y de Sus Majestades, y tomaremos vuestras personas y de vuestras mujeres e hijos y los haremos esclavos, y como tales los venderemos y dispondremos de ellos como Sus Majestades mandaren, y os tomaremos vuestros bienes, y os haremos todos los males y daños que pudiéramos, como a vasallos que no obedecen ni quieren recibir a su señor y le resisten y contradicen; y protestamos que las muertes y daños que de ello se siguiesen sea a vuestra culpa y no de Sus Majestades, ni nuestra, ni de estos caballeros que con nosotros vienen.

Y de como lo decimos y requerimos pedimos al presente escribano que nos lo dé por testimonio signado, y a los presente rogamos que de ello sean testigos.

Bibliografía [132]

I. Obras de Las Casas

De los numerosos escritos del obispo de Chiapas, sólo fueron editados en su vida los ocho tratados:

1. **Brevísima relación de la destruyción de las Indias, por el obispo don fray Bartolomé de Las Casas o Casaus, de la Orden de Sancto Domingo.** Año 1552.

> Colofón: Fue impresa la presente obra en la muy noble e muy leal ciudad de Sevilla, en casa de Sebastián Trujillo, impresor de libros, año de 1552.

2. *Aquí se contiene una disputa o controversia entre el obispo don fray Bartolomé de Las Casas o Casaus, obispo que fue de la Ciudad Real de Chiapa, que es en las Indias, parte de la Nueva España, y el doctor Ginés de Sepúlveda, cronista del Emperador, nuestro señor, sobre que el doctor contendía que las conquistas de las Indias contra los indios eran lícitas, y el obispo, por el contrario, defendió y afirmó haber sido y ser imposible no serlo tiránicas, injustas e inicuas. La cual cuestión se ventiló e disputó en presencia de de muchos letrados, teólogos e juristas en una congregación que mandó Su Majestad juntar el año de mil y quinientos y cincuenta en la villa de Valladolid.* Año 1552.

> Colofón: Fue impresa la presente obra en la muy noble e muy leal ciudad de Sevilla, en casa de Sebastián Trujillo, impresor de libros, frontero de Nuestra Señora de Gracia. Acabóse a diez días del mes de septiembre. Año de mil y quinientos e cincuenta y dos.)

3. *Aquí se contienen treinta proposiciones muy jurídicas, en las cuales sumaria y sucintamente se tocan muchas cosas pertenecientes al derecho que la Iglesia y los príncipes cristianos tienen o pueden tener sobre los infieles, de cualquier especie que sean. Mayormente se asigna el verdadero y fortísimo fundamento en que se asienta y estriba al título y señorío supremo y universal que los reyes de Castilla y León tienen al orbe de las que llamamos occidentales Indias, por el cual son constituidos universales señores y emperadores en ellas sobre muchos reyes. Apúntanse también otras cosas, concerniente al hecho acaecido en aquel orbe, notabilísimas y dignas de ser vistas y sabidas. Colijo las dichas treinta proposiciones el obispo don fray Bartolomé de Las Casas o Casaus, obispo que fue de la Ciudad Real de Chiapa, cierto reino de la Nueva España.* Año 1553.

     Colofón: Impreso en Sevilla, en casa de Sebastián Trujillo.

4. *Este es un tratado que el obispo de la Ciudad Real de Chiapa, don fray Bartolomé de Las Casas o Casaus, compuso por comisión del Consejo Real de las Indias, sobre la materia de los indios que se han hecho en ellas esclavos. El cual contiene muchas razones y auctoridades jurídicas, que pueden aprovechar a los lectores, para determinar muchas diversas cuestiones dudosas en materia de restitución, y de otras que al presente los hombres del tiempo de agora tratan..* Año 1552.

     Colofón: A loor y gloria de Nuestro Señor Jesucristo y de la Santísima Virgen Sancta María, fue impresa la presente obra en la muy noble e muy leal ciudad de Sevilla, en casa de Sebastián Trujillo, impresor de libros, frontero de Nuestra Señora de Gracia. Acabóse a doce días del mes de septiembre, año de mil e quinientos y cincuenta y dos.)

5. *Entre los remedios que don fray Bartolomé de Las Casas, obispo de la Ciudad real de Chiapa, refirió por mandato del Emperador rey, nuestro señor, en los ayuntamientos que mandó hacer Su Majestad, de perlados y letrados y personas grandes en Valladolid, el año de mil y quinientos y cuarenta y dos, para reformación de las Indias, el octavo en orden es el siguiente: donde se asignan veinte razones, por las cuales prueba no deberse dar los indios a los españoles en encomienda, ni en feudo, ni en* *vasallaje, ni de otra manera alguna, si Su Majestad, como lo desea, quiere librarlos de la tiranía y perdición, que padecen, como de la boca de los dragones, y que totalmente no lo consuman y maten, y quede vacío todo aquel orbe de sus tan infinitos naturales habitadores, como estaba y lo vimos poblado.*

> Colofón: Fue impresa la presente obra en la muy noble y opulentísima y muy leal ciudad de Sevilla, en las casas de Jácome Cromberger. Acabóse a diez e siete días del mes de agosto, año de mil e quinientos e cincuenta y dos.

6. *Aquí se contiene unos avisos y reglas para los confesores que oyeren confesiones de los españoles que son o han sido a cargo de los Indios del mar Océano, colegidas por el obispo de Chiapa don fray Bartolomé de Las Casas o Casaus, de la orden de Sancto Domingo.*

> Colofón: Fue impresa la presente obra en la muy noble e muy leal ciudad de Sevilla, en cas de Sebastián Trujillo, impresor de libros; Frontero de Nuestra Señora de Gracia. Acabóse a XX días del mes de septiembre, año de mil y quinientos e cincuenta y dos.

7. *Tratado comprobatorio del imperio soberano y principado universal que los reyes de Castilla y León tienen sobre las Indias, compuesto por el obispo don fray Bartolomé de Las Casas o Casaus, de la Orden de Sancto Domingo.* Anno de 1552.

> Colofón: Fue impresa la presente obra en la muy noble e muy leal ciudad de Sevilla, en cas de Sebastián Trujillo, impresor de libros. Acabóse a ocho días del mes de enero. Año 1553.

8. *Principia quaedam ex quibus procedendum est in disputatione ad manifestandam et defendendam institiam indorum, pero episcopum fratrem Bartholomeum a Casaus, Ordinis Praedicatorum, collecta.*

> Colofón: Impressum Hispali, in edibus Sebastianai Trugilli.

Además de esta primera edición de la **Brevísima,** (1552), que viene en los *Tratados,* es de notar que se publicaron varias ediciones en español de dicha obra, entre las cuales:

Barcelona, 1646 ; Londres, 1812; Bogotá, 1813; Cadiz 1820 (?); Filadelfia 1821; Puebla,1821; México, 1823; París (en Llorente, *Obras de Las Casas*), 1822; Madrid, 1879; Buenos Aires, 1924 (Edición facsimilar de los *Tratados*. Ed. de Emilio Revignani, Bibloteca Argentina de libros raros americanos, tomo III, 1924); México, 1945 (Prólogo de Agustín Yáñez); París, 1945, (con la *Refutación de Las Casas* de Vargas Machuca); México, 1957; Buenos Aires, 1965 (prólogo de G. Weinberg); Madrid (1977 (Ed. de Manuel Ballesteros Gaibrois); Barcelona, 1979 (prólogo de Olga Camps); Madrid, 1982 (Edición de André Saint-Lu); Sevilla, 1993 (Edición de Andrés Moreno Mengíbar; Barcelona, 1994 (Edición de José María Reyes Cano).

TRADUCCIONES

Al holandés (1578, 1579, 1596, 1607, 1609, 1610, 1611, 1612, 1620, 1621, 1623, 1627, 1634, 1638, 1664.)
Al francés (1579, 1582, 1594, 1597, 1620, 1630, 1642, 1697, 1698, 1701, 1822, 1974, 1976, 1992, 1995)
Al inglés (1583, 1625, 1656, 1689, 1745, 1898, 1909)
Al alemán (1597, 1599, 1613, 1665, 1790, 1936)
Al latín Aquí aparecen por primera vez los grabados de Teodoro de Bry: *Narratio regionum Indicarum per Hispanos quosdam deuastatarum verissima: prius quidem per Episc<; <barth. Casaum, natione hispanum hispanice conscripta, et anno 1551. Hispali, Hispanice. Anno vero hoc 1598. Latine excusa.* FRANCOFVRTI, SUMPTIBUS THEODORI DE BRY, ET JOANNIS DAURII TYPIS, 1598.
Hubo también ediciones latinas en 1614 y 1656.

TRATADOS, Prefacios de Lewis Hanke y Manuel Giménez Fernández, Buenos Aires, 1965.
HISTORIA DE LAS INDIAS: Edición de Agustín Millares. Prólogo de Lewis Hanke. Fondo de Cultura Económica, México, 1951, 3 volúmenes.
_____, Edición de Juan Pérez de Tudela Bueso y Emilio López Oto, Biblioteca de Autores Españoles, Madrid, 1957 (tomos XCV y XCVI).

Opúsculos, cartas y memoriales, Edición Juan Pérez de Tudela, B.A.E. Madrid, 1958(Tomo CX)

Apologética Historia, Estudio preliminar de Juan Pérez de Tudela, B.A.E. Madrid, 1958, (Tomos CV y CVI)

_____, Edición de Edmundo O'Gorman, México, 1967.

Del único modo de atraer a todos los pueblos a la verdadera religión. Texto en latín y traducción española de A. Santamaría. Prólogo de Agustín Millares Carlo. Introducción de Lewis Hanke, México, 1942.

De regia potestate o derecho de autodeterminación. Texto en latín y traducción española. Madrid, C.S.I.C., 1969.

Apología latina contra el doctor Sepúlveda, Estudio preliminar de Giménez Fernández, Biblioteca de la Academia Nacional de la Historia, Tomo 56, Caracas, 1956

_____, Introducción, traducción castellana y reproducción facsimilar del original por Angel Losada, Madrid, 1975. (Contiene también la *Apología latina* de Sepúlveda).

Los tesoros del Perú. (De Thesauris in Peru). Edición, traducción española y notas por Angel Losada, Madrid, 1958.

II. Fuentes antiguas

Aristóteles, *Política*. Edición bilingüe y traducción por Julián Marías y María Araujo. Madrid, Instituto de Estudios Políticos, 1951.

Colón, Cristóbal, *Textos y documentos completos*. Edición de Consuelo Varela. *Nuevas cartas*. Edición de Juan Gil. Alianza Editorial, Madrid, 1982.

Cortés, Hernán, *Cartas de relación* (1521-1524) Edición de Angel Delgado Gómez, Madrid, 1993.

Fernández de Oviedo, Gonzalo, *Historia general y natural de las Indias* (Sevilla, 1535). Ed. J. Pérez de Tudela, B.A.E. , Madrid, 1959 (Tomos 117-121).

Quintana, M.J. Fray Bartolomé de Las Casas en *Vida de los españoles célebres*. Madrid, 1833.

Motolinía (Fray Toribio de Benavente), *Memoriales y Historia de los Indios,* Madrid, 1970, B.A.E. (Tomo CCXL).

Remesal, Antonio de, *Historia General de las Indias occidentales y particular de la Gobernación de Chiapad y Guatemala,* Madrid, 1620. (B.A.E. tomo CLXXV, Madrid, 1964).

Saavedra Fajardo, Diego, *Las Empresas políticas, o idea de un príncipe político-cristiano,* Madrid, 1640.

Santo Tomás de Aquino, *Suma contra los gentiles.* Edición bilingüe de la Biblioteca de Autores Cristianos, Madrid, 1967-68. 2 volúmenes.

Sepúlveda, Juan Ginés de, *Democrates segundo.* Edición crítica bilingüe, traducción castellana, introducción, notas e índices de Angel Losada, CSIC, Instituto Francisco de Vitoria, Madrid, 1951.

Vargas Machuca, Bernardo, *Apologías y discursos de las conquistas occidentales.* Publicado por Fabié, *Vida y escritos de Las Casas*, Madrid, 1879. (Tomo II, p.409-517).

III. BIOGRAFÍAS Y ESTUDIOS SOBRE LAS CASAS

Alcina Franch, José, *Bartolomé de Las Casas*, Madrid, 1986

André-Vincent, Philippe, O.P., *Bartolomé de Las Casas, prophète du Nouveau Monde,* Paris, 1980

Barreda, J.A., *Ideología y pastoral misionera en Bartolomé de Las Casas*, Instituto Pontificio de Teología, Madrid, 1981.

Bataillon, Marcel, *Etudes sur Bartolomé de Las Casas.* Réunies avec la collaboration de Raymond Marcus. Paris, 1965.

Bataillon, Marcel y Saint-Lu, André, *Las Casas y la defensa de los indios*, Barcelona, 1976.

Estudios lascasianos. Conmemoración del IV Centenario de la muerte de fray Bartolomé de Las Casas (1566-1966). Sevilla, Escuela de Estudios Hispanoamericanos, 1967.

Estudios sobre fray Bartolomé de Las Casas (Actas del Coloquio sobre Bartolomé de Las Casas). Universidad de Sevilla, 1974.

Fabié, Antonio María, *Vida y escritos de Fray Bartolomé de Las Casas, obispo de Chiapa,* 2 vol. Madrid, 1879.

Friede, John y Keen, Benjamin, *Bartolomé de Las Casas in History,* Northern Illinois University Press, Dekalb 1971.

Giménez Fernández, Manuel, *Breve biografía de Bartolomé de Las Casas,* Sevilla, 1966.

Hanke, Lewis, *Bartolomé de Las Casas pensador político, historiador, antropólogo,* La Habana, 1949.

_____, *La lucha española por la justicia en la Conquista de América.* Madrid, 1957.

_____, *Estudios sobre Fray Bartolomé de Las Casas y sobre la lucha por la justicia en la conquista española de América,* Caracas, 1968.

Hanke, Lewis y Giménez Fernández, Manuel, *Bartolomé de Las Casas (1474-1566). Bibliografía critica y cuerpo de materiales para el estudio de su vida, escritos, actuación y polémicas que suscitaron durante cuatro siglos,* Santiago de Chile, 1954.

Huerga, Alvaro, *Fray Bartolomé de Las Casas.. Vida y obras.* Alianza editorial, Madrid, 1998

Losada, Angel, *Fray Bartolomé de Las Casas a la luz de la moderna crítica histórica,* Madrid, 1970.

Llorente, Juan Antonio. *Vida de Las Casas* en *Colección de Obras del venerable obispo de Chiapa Don Bartolomé de Las Casas, defensor de la libertad de la América.* París, 1822.

Mahn-Lot, Marianne, *Barthélemy de Las Casas. L'Evangile et la force,* Paris, 1964.

_____, , *Bartolomé de Las Casas et le droit des Indiens,* Paris, Payot, 1982.

Martínez, Manuel María, O.P., *Fray Bartolomé de las Casas, el gran calumniado,* Madrid, 1955.

Menéndez y Pelayo, *Estudios de crítica literaria,* Suárez, Madrid, 1895 (p. 199-304).

Menéndez-Pidal, *El Padre Las Casas, su doble personalidad,* Espasa-Calpe, Madrid, 1963.

Pérez de Tudela, Juan, *Las armadas de Indias y los orígenes de la política de colonización,* Madrid, 1956.

_____, *Significado histórico de la vida y escritos del Padre Las Casas,* en Biblioteca de Autores Españoles, Tomo XCV, Madrid, 1957.

Queraltó Moreno, Ramón-Jesús, *El pensamiento filosófico-político de Bartolomé de Las Casas.* Escuela de Estudios Hispano-Americanos de Sevilla. C.S.C.I. Sevilla, 1976.

Saint-Lu, André, *La Vera Paz. Esprit évangélique et colonisation*, Paris, 1968.

_____, *Las Casas indigéniste. Etudes sur la vie et l'oeuvre du défenseur des Indiens,* Paris, L'Harmattan, 1982.

Yáñez, Agustín, *Fray Bartolomé de Las Casas.* , México, 1975.

Zavala, Silvio, *La encomienda indiana.* Madrid, 1935.(México, 1973)

_____, *Servidumbre natural y libertad cristiana según los tratadistas españoles de los siglos XVI y XVII* . Buenos Aires, 1944.

_____, *La defensa de los derechos del hombre en América Latina (siglos XVI y XVII)*, París, 1963

La "guerra de las imágenes": los grabados de Teodoro de Bry

La traducción francesa (1579) de Jacques de Miggrode, *Tyrannies et Cruautez des Espagnols perpétrées ès Indes Occidentales* , tenía una finalidad política evidente en un período de intensa rivalidad entre las coronas de Francia y de España. La edición latina de Francfort (1598) tuvo un impacto aún mayor en plena guerra de religiones. Fue publicada por un protestante en respuesta a un panfleto católico que utilizaba por primera vez las imágenes como armas de propaganda.

Se trata de *Théâtre des Cruautez des Herectiques* ,* publicación que se presentaba como un catálogo iconográfico de suplicios y torturas, obra de los protestantes en contra de los católicos. Había sido editado en latín y en francés en Amberes en 1588 y había tenido una gran difusión.

El papel de aquella nueva edición ilustrada de la *Brevísima*, consistía esencialmente en reforzar el sentimiento de indignación de unos lectores ya convencidos. Proponía de Bry una serie de 17 grabados inspirados por episodios del texto de la *Brevísima*. De Bry grabó unos dibujos del artista flamenco De Winghe y es probable que algunos fueron obras personales. Empieza el libro por una página grabada que hace como un marco al título de la obra:

> *Narratio regionvm Indicarvm per Hispanos qvosdam deuastatarum verissima: prius quidem per Episc. Bath. Casaum, natione hispanum hispanice conscripta, et anno 1551. Hispali, Hispanice. Anno vero hoc 1598. Latine excusa.* FRANCOFVRTI, SUMP-TIBUS THEODORI DE BRY, ET JOANNIS SAURII TYPIS, 1598.

Casi medio siglo después de la edición original española los lectores europeos podrán leer, y sobre todo mirar, el tremendo testimonio de Las Casas y las etapas de la "destrucción" de las Indias durante la primera mitad del siglo XVI.

La serie horrorífica grabada y publicada en latín -para una mejor difusión-, por el protestante Teodoro de Bry, tiene un papel polémico: denuncia la maldad "evidente" del enemigo católico. La función moral no cobra por consiguiente un valor universal. Se trata de un momento de la historia humana y no se aplica sino a una parte de los hombres - en este caso los españoles católicos- y por consiguiente no alcanza un pesimismo desesperado. Participando de la "guerra de las imágenes" arma nueva y de gran eficacia en la guerra de las religiones, estos grabados tampoco pretenden tener el valor de documentos históricos. Tratan de dmostrar que los católicos están dominados por el demonio y, por lo tanto, ensalzan, *a contrario*, los valores morales de la Reforma. Esta iconografía de la crueldad y del sufrimiento, calvario en diecisiete estaciones, quiere revelar a los lectores europeos las injusticias y las vio-

lencias cometidas en nombre de la Religión en las lejanas Indias occidentales y el martirio de pueblos inocentes, víctimas de hombres "que
la cobdicia y ambición ha hecho degenerar de ser hombres".

Prisión y rescate del Inca Atahualpa:

En las demás relatos ilustradas por De Bry en sus "Grandes Viajes", relativos a América, la primera página anunciaba visualmente el tema general de la obra. Para simbolizar el contenido de esta "relación muy verdadera", de Bry escogió tres momentos claves de la conquista del Perú protagonizados por Francisco Pizarro y por Atahualpa. Las escenas representadas en este marco se leen de arriba hacia abajo:

En la parte superior, a la izquierda, está evocada la captura por traición del Inca en el famoso "encuentro de Cajamarca". Francisco Pizarro lo agarra del brazo y provoca su caída de las andas, mientras los españoles empiezan la masacre de los indios desarmados con artillería y arcabuces, a la derecha. El indio que yace en el suelo simboliza las dos mil víctimas de este trance.En el centro, dos conquistadores (uno, con el sombrero, es Pizarro) mantienen preso a Atahualpa. De Bry escogió este episodio porque lo consideraba ejemplar para denunciar la alevosía y la violencia ciega e inútil de los conquistadores.

El personaje central, Atahualpa, -cuya figura se repite tres veces, lo mismo que la de Francisco Pizarro-, aparece como el arquetipo de la víctima inocente que conserva su dignidad. En la parte inferior, ya prisionero, arrodillado y encadenado, su calma hace contraste con las gesticulaciones de Pizarro que exige apasionadamente un rescate en oro y plata. A la izquierda y a la derecha, los súbditos del inca vienen cargados con fuentes, vasijas, aguamaniles, y otros objetos fabricados por los plateros del Tahuantinsuyú, que revelan la alta calidad y el refinamiento de la civilización vencida. No son fieles representaciones de una realidad ignorada por de Bry -estos objetos fueron fundidos en lingotes!- sino muy parecidos a creaciones del Renacimiento europeo.

Los indios quechuas son representados casi desnudos con la cabeza rapada. Esta representación errónea procede del modelo brasileño y revela que al dibujante no le importa mucho la representación etnográfica. Son arquetipos de indios, "personajes de cera" según la expresión de Eduardo Galeano, son víctimas y las víctimas se parecen todas.

El botín, esparcido en esta página, simboliza el vicio que es el motor de la crueldad, y que Las Casas denuncia a lo largo de su obra, o sea la insaciable codicia de soldados saqueadores, sedientes de oro, insensibles a la civilización que están destruyendo, y sin piedad por los pueblos dominados.

El destino trágico de Atahualpa resume la conquista destructora de los españoles en las Indias occidentales. Esta introducción iconográfica anuncia el contenido de la obra y las imágenes violentas que lo acompañan.

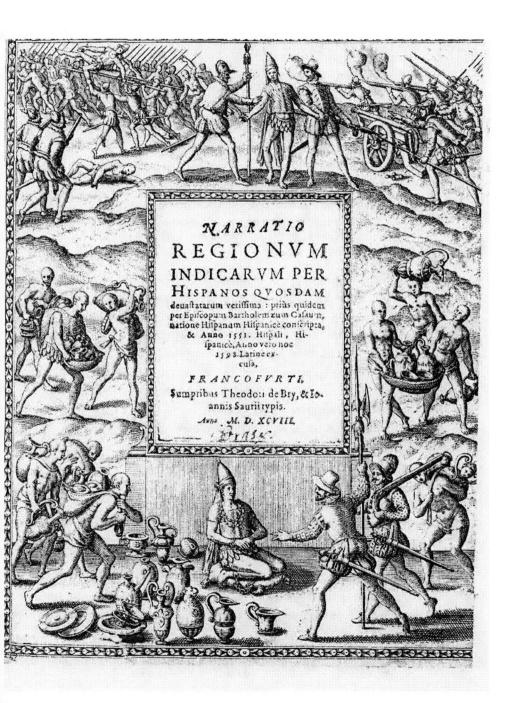

NARRATIO
REGIONVM
INDICARVM PER
HISPANOS QVOSDAM
deuastatarum verissima : priùs quidem
per Episcopum Bartholemzum Casaum,
natione Hispanam Hispanicè conscripta,
& Anno 1551. Hispali, Hi-
spanicè, Anno vero hoc
1598. Latinè ex-
cusa,

FRANCOFVRTI,
Sumpribus Theodori de Bry, & Io-
annis Saurii typis.

Anno M. D. XCVIII.

I. Matanza de hombres, mujeres y niños (Isla Española)

Este grabado es mucho más violento e impactante que el de la primera
página. El dibujante (firmado De Winghe) escogió un párrafo del texto para
elaborar una imagen cuyo estetismo aumenta el horror:

> "Tomaban las criaturas de las tetas de las madres por las piernas, y daban
> de cabeza con ellas en las peñas.(....) Hacían unas horcas largas, que jun-
> tasen casi los pies a la tierra, y de trece en trece, a honor y reverencia de
> Nuestro Redemptor y de los doce apóstoles, poniendo lenna y fuego los
> quemaban vivos."

Aquellas atrocidades vienen representadas juntas en la misma lámina.
A la izquierda, un crío desnudo, símbolo de la inocencia, un segundo antes
de su muerte a manos de un soldado despiadado. Los "verdugos" españoles
están figurados de un modo estereotipado, a veces con vestimenta ligera y
anacrónica, como aquí, o más frecuentemente con coraza y casco. Detrás, una
costa marítima, apenas evocada, es el escenario de matanzas que parecen sis-
temáticas. A lo lejos, símbolo de desdicha y no de libertad, el navío que trajo
esa invasión destructora en territorios apacibles.

En la escena central, el "demonio" que alimenta el fuego se ve poco,
agachado y de espaldas. Lo que impacta visualmente, en su rígida e impre-
sionante verticalidad, es la retahila de los ahorcados. Llama en seguida la
atención una mujer, prototipo con el niño de la inocencia, cuya belleza y ju-
ventud acrecientan para el lector, la impresión de malestar y de indignación.

Las referencias y alusiones bíblicas aparecen en casi todas las láminas. En
este grabado el lector (y espectador) del siglo XVI, además de los Apóstoles,
conoce en seguida el episodio de la matanza de los inocentes (también evocada
en las láminas 11, 13 y 14), tema recurrente en la iconografía religiosa.

Esta imagen es la primera de una serie de seis bajo el signo del fuego que
materializan "el Infierno de las Indias Occidentales".

II. Mutilaciones y suplicio a fuego lento (Isla Española)

Este segundo grabado (firmado de Winghe) contiene dos episodios relatando tormentos y atrocidades. Ambos aparecen también en grabados ilustrando el Antiguo Testamento:

> 1. " Otros, y todos los que querían tomar a vida, cortábanles ambas manos y dellas llevaban colgando, y decíanles: "Andad con cartas", conviene a saber, llevad las nuevas a las gentes que estaban huidas por los montes".

> 2. "Comúnmente mataban a los señores y nobles desta manera: que hacían unas parrillas de varas sobre horquetas y atábalos en ellas y poníanles por debajo fuego manso, para que poco a poco, dando alaridos, en aquellos tormentos, desesperados, se les salían las ánimas".

Las dos escenas, muy distintas, están netamente separadas por una diagonal. Entre las dos, dos soldados, uno de ellos apoyándose en un arma, parecen observar con despego la correcta ejecución de los suplicios. En varios grabados se repitirá esta actitud serena y distante de los verdugos contemplando las convulsiones de sus víctimas.

En el primer término, en la parte inferior, un personaje idéntico al del grabado anterior, atiza el fuego de la crueldad y de la injusticia. El cuadro evoca claramente el suplicio de San Lorenzo en la parrilla y se parece mucho a la pintura de Bronzino en la basílica de San Lorenzo en Florencia.

En la parte superior, la escena de mutilaciones, carnicería de seres humanos vivos se repitira, más precisa y repelente aún en la lámina 17.

Es de notar la ausencia de paisaje. No más que el crimen banalizado y sistemático. En esta lámina, los verdugos son más numerosos que las víctimas.

III. La muerte de Anacaona

"Aquí llegó una vez el gobernador(....) y llegáronse más de trescientos señores a su llamada seguros, de los cuales hizo meter dentro de una casa de paja muy grande los más señores por engaño, y metidos, les mandó poner fuego y los quemaron vivos. A todos los otros alancearon y metieron a espada con infinita gente, y a la señora Anacaona, por hacelle honra, ahorcaron."

Otra vez el fuego está en el centro de este cuadro infernal que está dividido en dos partes. A la izquierda, atento y satisfecho, en una posición ventajosa, está cuidadosamente dibujado el responsable de tan aborrecibles crímenes, el gobernador Nicolás de Ovando. A salvo, mira el abrasamiento de la choza de donde tratan desesperadamente de salir hombres y mujeres allí encerrados alevosamente. El joven ayudante de los grabados anteriores ceba el fuego, llevando haces de leña. El gobernador puede al mismo tiempo contemplar el cuerpo sin vida de Anacaona, ahorcada. El dibujo que la representa es muy similar al de la primera lámina donde venía representada una mujer joven. Se puede imaginar que la corona que lleva en la cabeza recuerda la corona de espinas, y es evidente que no la han colocado sus verdugos en signo de respeto, sino de burla. Así esta corona tiene otro valor, la de transformarla en la reina de las Indias, reina mártir que simboliza la "destrucción de las Indias".

En la lejanía los jinetes, con la lanza en ristre, embisten contra los indios despavoridos. Uno de ellos, de rodillas, implora los soldados despiadados.

IV. Trabajos forzados de los indios y de las indias (Isla Española):

En esta lámina donde, por primera vez, se presta una atención especial al paisaje, con representación de campos arados, de un monte, de una palmera, de un bohío, de una entrada de mina, etc, hay una oposición impactante, en el primer término, entre la violencia y el dinamismo casi frenético de los cuatro conquistadores y la inmobilidad sufrida de los dos indios martirizados.

El indio azotado, atado a un poste, evoca la representación de la flagelación de Cristo y también la del martirio de San Sebastián.

La escena del segundo término es una interpretación gráfica del texto siguiente:

> "La cura o cuidado que (de los indios) tuvieron fue enviar los hombres a las minas a sacar oro, que es trabajo intolerable, y las mujeres ponían en las estancias, que son granjas, a cavar las labranzas y cultivar la tierra, trabajo para hombres muy fuertes y recios."

En su intento de plasmar en una sola lámina el contenido de un texto ya sintético, el dibujante, sin que se pueda hablar de "exageración", amplifica el impacto de la evocación lascasiana, mostrando mujeres trabajando desnudas con sus largas cabelleras al viento, manejando el pico y el rastrillo bajo la permanente amenaza de dueños sádicos que no vacilan en rociar de oro fundido un minero poco eficiente, o sea los demonios destruyendo el paraíso.

V. Hatuey y el paraíso de los españoles

Después del fuego encendido debajo del patíbulo, despuésde las ascuas atizadas debajo de la parrilla y después del abrasamiento de un bohío donde estaban encerradas numerosas víctimas, aquí aparece la pira inquisitorial. El condenado es el cacique Hatuey. Aquel jefe de la rebelión indígena tuvo que huir de la isla Española y organizó la resistencia a los invasores en la isla de Cuba. Los españoles mandados por Diego de Velázquez, probablemente representado aquí, capturaron al cacique y lo destinaron a la hoguera. Según Las Casas, pocos momentos antes de morir dialogó con un franciscano:

> "Atado al palo decíale un religioso de Sant Francisco, santo varón que allí estaba, algunas cosas de Dios y de nuestra fe, el cual nunca las había jamás oído... y que si quería creer aquello que le decía, que iría al cielo, donde había gloria y eterno descanso, y si no, que había de ir al infierno, a padecer perpetuos tormentos y penas. El, pensando un poco, preguntó al religioso si iban cristianos al cielo. El religioso le respondió que sí, pero que iban los que eran buenos. Dijo luego el cacique sin más pensar, que no quería él ir allá sino al infierno, por no estar donde estuviesen y por no ver tan cruel gente".

Este diálogo se parece mucho a una parábola de las que se utilizaban en los sermones (Entendía Hatuey el castellano? Hablaba el idioma taíno el religioso ?). De todos modos la anécdota pretende ser ejemplar. La presencia del franciscano se puede interpretar como una muestra de cierta complicidad de la Iglesia con la guerra injusta de los conquistadores. En efecto, Las Casas concluye:

> "Esta es la fama y honra que Dios y nuestra fe ha ganado con los cristianos que han ido a las Indias".

Como en otras láminas, en la lejanía los jinetes persiguen y matan la población indígena de Cuba.

VI. Crueldad y codicia de Pedrarias Dávila

El suplicio del fuego para obtener confesiones o indicios de parte de la víctima (ya evocado en la lámina II) ,era un procedimiento corriente del que se valían los bandoleros. La posición presuntuosa de Pedrarias Dávila sentado como un juez inquisitorial contemplando el sufrimiento de su inocente víctima, es tanto más odiosa que su fin es la codicia y el robo:

> "Entre infinitas maldades que éste hizo y consintió hacer el tiempo que gobernó fue que, dándole un cacique o señor, de su voluntad o por miedo (como más es verdad) nueve mil castellanos, no contentos con esto prendieron al dicho señor y átanlo a un palo sentado en el suelo, y estendidos los pies pónenle fuego a ellos porque diese más oro, y él envió a su casa y trajeron otros tres mil castellanos. Tórnanle a dar tormentos, y él, no dando más oro porque no lo tenía, o porque no quería dar, tuviéronle de aquella manera hasta que los tuétanos le salieron por las plantas y así murió."

Se puede ver una escena de matanza de mujeres en el segundo término y, por primera vez, un grupo de indios que tratan de defenderse. La arquitectura, las vasijas de oro y el paisaje son de pura fantasía.

VII. La matanza de Cholula

Esta hoguera no está destinada a quemar heréticos, sino "inocentes" en el sentido etimológico de la palabra. Aquellos indios que padecen un horrible suplicio parecen resignados, recordando las representaciones de los primeros mártires cristianos. Estos mismos cristianos que, quince siglos antes eran las víctimas de han convertido en verdugos en una especie de círculo infernal de la historia:

> "A todos los señores que eran más de ciento y que tenían atados, mandó el capitán quemar y sacar vivos en palos hincados en tierra."

En el segundo término viene representado como un bohío el Cú o templo de piedra de Cholula.:

> "Pero un señor, y quizá era el principal y rey de aquella tierra, pudo soltarse y recogió con otros veinte o treinta hombres al templo grande que allí tenían, el cual era como fortaleza, que llamaban Cuu, y allí se defendió gran rato del día. Pero los españoles, a quien no se les ampara nada, mayormente en estas gentes desarmadas, pusieron fuego al templo y allí los quemaron"...

El personaje central atado al palo -lo mismo que en las láminas IV y V-, recuerda San Sebastián y su aceptación del sufrimiento. Las llamas y el humo invaden el grabado ocultando una naturaleza mexicana tan ignorada del dibujante como la arquitectura cholulteca.

El mismo episodio sangriento ha sido representado a menudo en códices del siglo XVI (códice Durán y lienzo de Tlaxcala), en grabados y en pinturas (en particular durante el siglo XIX).

VIII. Hernán Cortés y los embajadores de Moctezuma

Esta composición circular deja un espacio entre los representantes
de dos mundos totalmente distintos unos breves instantes antes del encuentro. Recuerda la imagen estereotipada del encuentro de Cristóbal
Colón con los indios taínos. En el primer término, a la derecha, Hernán
Cortés se acerca con paso decidido, la cabeza en alto, seguro de sí y de
su superiodad. Frente a él, los embajadores aztecas van inclinado hacia
adelante bajo el peso de los regalos. Detrás de ellos, una larga hilera
de indios sale de Tenochtitlán, supuestamente en una calzada, para recibir los nuevos dioses o *teules*. Forman tres grupos; primero los que
llevan los regalos, luego unos bailarines y, por fin, la comitiva de la cual
descuella la figura del hermano de Moctezuma llevado en andas.

Esta lámina es distinta de las anteriores por la ausencia de violencia. Se puede notar, sin embargo, que el grupo de los conquistadores
viene armado mientras que los súbditos de Moctezuma se acercan casi
desnudos. Por primera vez, el dibujante trató de representar el paisaje
americano, y en este caso, la meseta del Anáhuac. No pasa de ser un
decorado de teatro con tres palmeras. A lo lejos, la ciudad de Tenochtitlán está representada con torreones, un puente con un arco romano
y edificios moricos (Cortés hablaba de "mezquitas" para designar los
templos aztecas). El apretado grupo de los soldados se adelanta inexo-
rablemente. Cortés tiende la mano, tal vez será para manifestar su
deseo de convivencia pácifica, tal vez para apoderarse de las riquezas
que le presentaron imprudentemente sus huéspedes?

IX. La matanza del templo mayor de México

La matanza ordenada por Pedro de Alvarado inspiró al dibujante una escena muy alejada de una representación realista. El interior del templo no presenta ninguna característica particular lo que equivale a confesar un total ignorancia. El decorado se resume en una cortina, una alfombra y una almohada.

> "Estaban sobre dos mil hijos de señores, que era toda la flor y nata de la nobleza de todo el mperio de Motenzuma. A estos fue el capitán de los españoles con una cuadrilla dellos,.... y mandó que a cierta hora todos diesen en ellos. Fue él, y estando embebidos y seguros en sus bailes, dicen: "Santiago y a ellos!", y comienzan con las espadas desnudas a abrir aquellos cuerpos desnudos y delicados, y a derramar aquella generosa sangre, que uno no dejaron en vida"

La tragedia se confunde con el baile festivo que efectuaban los nobles aztecas cuando fueron sorprendidos por los españoles que los acometieron espada en mano. Las huellas de las profundas heridas se dejan ver en el cuerpo del indio en el primer término. Dos españoles (uno de los cuales será Alvarado) demuestran por su actitud de observadores satisfechos que aquel estrago fue premeditado.

El cacique indio ataviado con prendas orientales (lo mismo que Atahualpa en el título) parece como paralizado por la sorpresa. El paisaje esbozado tiene tan poco realismo como la representación del interior del templo.

X. El hoyo de los indios

En el segundo término de la lámina, un jinete español cae en un foso y Las Casas comenta que los indios se valían de parecidos ardides puesto que

> "sabían que siendo no sólo inermes, pero desnudos, a pie y flacos, contra gente tan feroz, a caballo y tan armada, no podían prevalecer sino al cabo de ser destruidos."

Las Casas minimiza la eficacia de aquella trampa destinada habitualmente a las fieras, pues, en estos hoyos,

> "Una o dos veces cayeron caballos en ellos no más, porque los españoles se supieron dellos guardar.."

y amplifica la venganza desproporcionada de los españoles que

> "hicieron ley que todos cuantos indios de todo género y edad tomasen a vida, echasen dentro en los hoyos. Y así las mujeres preñadas y paridas, y niños y viejos y cuantos podían tomar echaban en los hoyos hasta ue los henchían, traspasados por estacas, que era un gran lástima de ver, especialmente las mujeres con sus niños."

La trampa cinegética se transforma en la boca de un infierno donde son atormentadas inocentes víctimas. Con sus lanzas y espadas, los cristianos toman el papel de los demonios. Las mujeres indias, -parecidas en su aspecto físico a mujeres europeas- maltratadas, torturadas, mutiladas o ejecutadas, aparecen en un total de 10 láminas.

XI. La carnicería de carne humana

Están representadas dos escenas distintas en una misma lámina, imposible de entender sin la explicación del texto. La primera, salta a la vista y es el canibalismo:

> "Cuando (Alvarado) iba a hacer guerra a algunos pueblos o provincias, llevaba de los ya sojuzgados indios cuantos podía que hiciesen guerra a los otros; y como no les daba de comer a siez y a veinte mil hombres que llevaba, consentíales que comiesen a los indios que tomasen. Y así había en su real solenísima carnecería de carne humana, donde en su presencia se mataban los niños y se asaban..."

De Bry había editado anteriormente el relato de Hans Staden en el Brasil (*Americae pars III*, 1593) con varias láminas que figuraban etapas del ritual antropofágico. El canibalismo está aquí provocado por quienes tendrían que extirparlo. La inocencia, víctima de una crueldad despiadada suscita, como en muchas láminas, no sólo el horror sino también la indignación.

En el mismo espacio, en una playa, se ven unos indios condenados a trabajos forzados y apaleados. En el primer término, otro esclavo camina cargando un ancla, evocando Jesús cargado con la cruz:

> "Mató infinitas gentes con hacer navíos. llevaba de la Mar del Norte a la del Sur, ciento y treinta leguas, los indios cargados con anclas de tres y cuatro quintales..."

Mueren los indios en el *via crucis* que les imponen los conquistadores.

XII. Suplicio de Catzonzín, rey de los Tarascos

La "anécdota" que viene representada en esta lámina recuerda la descripción del suplicio de un cacique de Tierra Firme (lámina VI). El verdugo ya no es Pedrarias Dávila, sino Nuño de Guzmán en la región de Michoacán:

> "Prendió luego al dicho rey (Catzonzín) porque tenía fama de muy rico de oro y plata, y porque le diese muchos tesoros comienza a dalle estos tormentos el tirano: pónelo en un cepo por los pies y el cuerpo estendido, y atado por las manos a un madero; puesto un brasero junto a los pies, y un muchacho, con un hisopillo mojado en aceite de cuando en cuando se los rociaba para tostalle bien los cueros; de una parte estaba un hombre cruel que con una ballesta armada apuntábale al corazón; de la otra otro con un muy terrible perro bravo echándoselo, que en un credo lo despedazara; y así lo atormentaron porque descubriese los tesoros que pretendía..."

Catzonzín ataviado como Atahualpa está rodeado por ocho españoles con indumentaria diversa, verdugos activos y espectadores insensibles. La sala del "palacio" es un decorado y la ciudad en el segundo término presenta una arquitectura donde se ven acueductos romanos y tejados moriscos, la misma que la imaginada Tenochtitlán (lámina VIII).

XIII. CRUELDADES DE UN TIRANO ESPAÑOL EN YUCATÁN

Esta retahila de ganado humano, peor tratado que acémilas, pegado a porrazos o acabado a cuchilladas, evoca, por segunda vez- ver lámina XI-, el calvario de todo el pueblo indio, hombres, mujeres y niños. La mujer con su crío en el centro del grabado expresa su dolor, pero no su resignación, frente a los desmanes de Francisco de Montejo y de los demás conquistadores.

En aquel paisaje de montañas, se vislumbra, a lo lejos un pueblo en llamas, próxima etapa del vía crucis.

XIV. Perro despedazando a un niño

Por tercera vez (ver fig.1 y fig. 3) se representa una mujer ahorcada, aquí en la puerta de su casa que parece un nicho de iglesia. El suplicio es tanto más impactante, cuanto que un niño la acompaña en su agonía. Esta vez se trata de un suicidio:

> "Una india enferma, viendo que no podía huir de los perros que no la hiciesen pedazos como hacían a ls otros, tomó una soga y atóse al pie un niño que tenía de un año y ahorcóse de una viga, y no lo hizo tan presto que no llegaran los perros y despedazaron al niño, aunque antes que acabase de morir lo baptizó un fraile".

Esta imagen amplifica lo relatado y lo transforma. En esta lámina es donde se utiliza de manera más evidente este procedimiento propagandístico. En efecto, el personaje central, con traje de gala y con el bigote bien rizado, mantiene en cada una de sus manos las dos mitades de un niño que ofrece a la gula de los perros bajo la mirada desesperada de una mujer. Esta "interpretación" lleva la firma de Jocodus de Winghe.

La presencia del fraile (lo mismo que en la lámina V) no justifica el papel de la Iglesia en la conquista, sino todo lo contrario. La presenta como cómplice, lo que se explica por la "guerra de las imágenes". Sin embargo, los dos frailes son los únicos españoles que demuestran una actitud compasiva y humana en esa galería de facinerosos y verdugos.

XV. Ejecución de Atahualpa

Tres episodios de la conquista del Perú están reunidos en una sola composición. Repite las escenas del título o sea "el encuentro" de Cajamarca, la prisión de Atahualpa y su rescate. Añade el final trágico: la ejecución.

El primer episodio está figurado como una escena lejana (en el espacio y en el tiempo) en el marco de una ventana como sobre una pantalla: se ve Atahualpa llevado en andas, asido del tobillo por Francisco Pizarro mientras que el padre Valverde presenta al Inca un crucifijo. El cetro que simboliza su poder político y religioso está a punto de caer. Detrás, empieza la matanza de los indios que salían de la ciudad.

El segundo episodio ocupa el centro, a la derecha, y es el del rescate. Atahualpa, sentado, habla con Francisco Pizarro y a su lado se amontonan los objetos, platos y vasijas, símbolos de la codicia de los conquistadores y del refinamiento de la cultura inca.

El tercer episodio ocupa el lugar preferente en el primer término. Representa el Inca en el momento de su muerte. Lleva cadenas en los tobos y su boina, símbolo de su dignidad real está por el suelo. Tres esclavos africanos lo ejecutan con el garrote bajo la mirada indiferente de los españoles.

Por segunda vez Atahualpa simboliza la víctima de la España conquistadora que se apodera sin justificación y con crueldad de un reino independiente.

XVI. Tormento del rey Bogotá

La figura dominante, en el centro del grabado, es la de un conquistador elegantemente ataviado, en este caso Jiménez de Quesada.
Enarbola un bastón de mando como si dirigiera con desenvoltura los
tres verdugos atormentando al desdichado rey Bogotá. El motivo de
tanta crueldad era únicamente la codicia.

La figura del conquistador forma el eje vertical de una composición triangular cuya parte inferior esta ocupada por la horizontalidad
de la víctima, tirada en el suelo, atada, quemada, con la cabeza hacia
atrás a causa del inaguantable sufrimiento. Además de su posición que,
a pesar de su horizontalidad, evoca la imagen de Cristo crucificado,
su desnudez contrasta con la rica vestimenta del soberbio español.

El el segundo término, una escena sugiere el miedo de las mujeres
indias y otra el tormento de la estrapa completan el "ambiente" terro-
rífico de la conquista.

XVII. Grandes crueldades y mutilaciones

Este grabado interpreta, añadiendo detalles, la frase siguiente:

> "De cierto tirano particular dicen los testigos que hizo grandes cruel-
> dades, matando y cortando muchas manos y narices a hombres y mu-
> jeres, y destruyendo muchas gentes".

Aquel "tirano" está representado en el centro de aquel grabado infernal blandiendo un alfanje exterminador. Es el mismo demonio en
la posición de un San Miguel. Las víctimas de aquellos horribles tormentos, parecen aguantar con dignidad el insoportable dolor de las
mutilaciones. En medio de manos y de narices cortadas, el indio del
primer término a la derecha parece mirar los futuros lectores y espectadores, para que den testimonio de la inaudita crueldad que asola su
pueblo. El número de las víctimas (29) y de los verdugos (10) dan la impresión de un tormento colectivo sistemático perpetrado por "tiranos"
sádicos. A éstos se añaden los perros que persiguen y despedazan a los
que tratan de huir de ese infierno.

El hacha y las navajas no consiguen afear a las víctimas que con-
servan actitudes elegantes.

En el fondo, un horizonte de matanzas simboliza la "destruyción"
denunciada a lo largo de la *Brevísima*.

ÍNDICE

ONOMÁSTICO:

TOPOGRÁFICO

Thank you for acquiring

Brevísima Relación De La Destruyción De Las Indias

from the
Stockcero collection of Spanish and Latin American significant books.

This book is one of a large and ever-expanding list of titles Stockcero regards as classics of Spanish and Latin American literature, history, economics, and cultural studies. A series of important books are being brought back into print with modern readers and students in mind, and thus including updated footnotes, prefaces, and bibliographies.

We invite you to look for more complete information on our website, **www.stockcero.com**, where you can view a list of titles currently available, as well as those in preparation. On this website, you may register to receive desk copies, view additional information about the books, and suggest titles you would like to see brought back into print. We are most eager to receive these suggestions, and if possible, to discuss them with you. Any comments you wish to make about Stockcero books would be most helpful.

The Stockcero website will also provide access to an increasing number of links to critical articles, libraries, databanks, bibliographies and other materials relating to the texts we are publishing.

By registering on our website, you will allow us to inform you of services and connections that will enhance your reading and teaching of an expanding list of important books.

You may additionally help us improve the way we serve your needs by registering your purchase at:
http://www.stockcero.com/bookregister.htm

Printed in the United States
122784LV00008B/183/A